땅띠 중국어

当地中国语

상해편

金和英 呂菁華 劉元春

신아사

머리말

땅띠(当地) 중국어는 학생들이 어학연수를 결정하기 전부터 시작해서, 상해로 결정하고 나서 그 도시로 가서 겪는 사건들로 구성되어 있다. 스토리는 모두 학생들이 어학연수를 가기 전과 후에 겪게 되는 실질적인 사건들을 중심으로, 실제 상해의 상황에 맞게 회화를 구성하였다. 아울러, 상해의 문화, 역사, 음식 등 관련분야에 대해서도 그림을 첨부하여 같이 설명하여 그 이해를 증진시켰다.

땅띠(当地) 중국어의 스토리에 대한 분담은 아래와 같다.

金和英 교수: 전체스토리 설계, 각 과별 주제관련 자료의 수집과 본문 해석, 문법 설명과 해석, 병음과 성조 필기 및 이 책의 전체 편집과 수정.

呂菁華 교수: 제12과와 제13과를 제외한 한국어 회화를 중국어로 번역하고, 새 단어, '이 문장은 꼭 익혀요!', 문법예문의 중국어 부분. 제5과와 제8과의 중국어 내용 설계.

劉元春 교수: 呂菁華 교수의 중국어 번역에 대한 2차 교열 및 수정, 제12과와 제13과의 중국어 내용 설계 및 자료 수집.

목차

땅띠(当地) 중국어

상해편

제1과 새 단어

1	决定	[juédìng]	동	결정(결심)하다.
2	打算	[dǎsuan]	동	…할 생각이다. …하려고 하다. 계획하다.
3	拓宽	[tuòkuān]	동	확장하다. 넓히다.
4	视野	[shìyě]	명	시야.
5	呆	[dāi]	동	머물다.
6	好感	[hǎogǎn]	명	호감. 좋은 감정.
7	密密麻麻	[mìmimámá]	형	촘촘하다. 빽빽하다. 많고 빈틈없는 모양.
8	整容	[zhěngróng]	동	얼굴을 성형하다.
9	高楼大厦	[gāolóu dàshà]	명	고층 빌딩. 고층 건물.
10	宽阔	[kuānkuò]	형	(폭이) 넓다. 드넓다.
11	私家车	[sījiāchē]	명	자가용차.
12	希望	[xīwàng]	동	(생각하는 것이 실현되기를) 희망하다. 바라다.
13	领域	[lǐngyù]	명	분야. 영역.

이 문장은 꼭 익혀요!!

■ 密密麻麻的高楼大厦，宽阔的大地，还有许多私家车。
Mìmìmámá de gāolóu dàshà, kuānkuò de dàdì, hái yǒu xǔduō sījiāchē.

■ 其实我也打算毕业以后在中国工作。
Qíshí wǒ yě dǎsuan bìyè yǐhòu zài Zhōngguó gōngzuò.

■ 我对美容领域非常感兴趣。
Wǒ duì měiróng lǐngyù fēicháng gǎn xìngqù.

제1과
상해로 결정했어

소준: 미진아. 너는 교환학생으로 어딜 갈 생각이야?

미진: 중국에 갈 생각인데, 어느 지역으로 갈 지는 아직 정하지 않았어. 너는 어때?

소준: 난 상해로 갈 생각이야.

미진: 응? 너는 이전에도 상해에 있었다고 하지 않았어?

소준: 맞아. 중국을 제일 처음 갔을 때 상해로 갔었거든.

미진: 견문을 더 넓히려면 다른 지역도 가봐야 하지 않아?

소준: 그렇긴 하지. 그런데 저번에 상해에 있을 때는 2달만 있었어. 그래서 그렇게 상해에 대해서 잘 안다고 할 수 없고, 호감만 있다고 말할 수 있어.

미진: 상해의 느낌은 어땠어?

소준: 첫 느낌은 그냥 여기가 중국의 상해구나하는 정도? 빽빽이 들어서 있는 빌딩, 넓고 넓은 땅, 그리고 많은 자가용.

미진: 그리고 또?

소준: 중국에는 두 개의 수도가 존재한다는 말이 있어. 하나는 북경으로 문화와 정치의 수도. 다른 하나는 상해로 경제의 수도라고 불린대. 사실 난 졸업하고 나면 무역회사에서 일할 생각이야. 그래서 중국어도 배우고 경제에 관한 지식도 공부하려고 해.

미진: 나도! 나도! 사실, 나도 졸업하고 나서 중국에서 일하고 싶었거든. 내 관심사가 미용이다 보니, 성형외과에 취업해서 중국미용의 발전현황에 대해 알고 싶어.

소준: 그렇다면 더더구나 상해로 가야지. 내가 알기론 상해에서 한국의 성형외과가 제일 많다고 들었거든.

미진: 좋아. 상해로 가기로 결정했어. 같이 가자.

第一课
决定去上海！

小俊: 美珍，作为这次的交换生你打算去哪儿？

Měizhēn, zuòwéi zhècì de jiāohuànshēng nǐ dǎsuan qù nǎr?

美珍: 我打算去中国，不过还没有决定去哪个城市。你呢？

Wǒ dǎsuan qù Zhōngguó, búguò hái méiyǒu juédìng qù nǎ ge chéngshì. nǐ ne?

小俊: 我打算去上海。

Wǒ dǎsuan qù Shànghǎi.

美珍: 你上次不是说去过上海吗？

Nǐ shàngcì bú shì shuō qù guo Shànghǎi ma?

小俊: 对。我第一次去中国的时候，去上海了。

Duì. Wǒ dìyīcì qù Zhōngguó de shíhou, qù Shànghǎi le.

美珍: 为了拓宽视野，是不是应该尝试去其他的城市呢？

Wèile tuòkuān shìyě, shì bú shì yīnggāi chángshì qù qítā de chéngshì ne?

小俊: 那倒是。不过，上次我只在上海呆了两个月，所以不能说对上海特别了解，只能说是有些好感。

Nà dàoshì. Búguò, shàngcì wǒ zhǐ zài Shànghǎi dāi le liǎng ge yuè, suǒyǐ bù néng shuō duì Shànghǎi tèbié liǎojiě, zhǐ néng shuō shì yǒuxiē hǎogǎn.

美珍: 你对上海的感觉怎么样？

Nǐ duì Shànghǎi de gǎnjué zěnmeyàng?

小俊: 第一个印象只是“这就是中国的上海呀？”。密密麻麻的高楼大厦，宽阔的大地，还有许多私家车。

Dì yī ge yìnxiàng zhǐ shì zhè jiù shì Zhōngguó de Shànghǎi ya? Mìmìmámá de gāolóu dàshà, kuānkuò de dàdì, hái yǒu xǔduō sījiāchē.

美珍: 还有呢？

Hái yǒu ne?

小俊: 中国民间有一种说法，那就是中国存在两个首都：一个是北京，文化与政治的首都；另一个是上海，经济的首都。其实，我希望毕业以后在对外贸易公司工作。所以我打算在上海学习汉语，同时学习经济方面的知识。

Zhōngguó mínjiān yǒu yì zhǒng shuōfǎ, nà jiù shì Zhōngguó cúnzài liǎng ge shǒudū: yí ge shì Běijīng, wénhuà yǔ zhèngzhì de shǒudū; lìng yí ge shì Shànghǎi, jīngjì de shǒudū. Qíshí, wǒ xīwàng bìyè yǐhòu zài duìwài màoyì gōngsī gōngzuò. Suǒyǐ wǒ dǎsuan zài Shànghǎi xuéxí hànyǔ, tóngshí xuéxí jīngjì fāngmiàn de zhīshi.

美珍: 我也是！我也是！其实我也打算毕业以后在中国工作。我对美容领域非常感兴趣，打算在整容医院就业，特别想知道中国美容业的发展现状。

Wǒ yě shì! Wǒ yě shì! Qíshí wǒ yě dǎsuan bìyè yǐhòu zài Zhōngguó gōngzuò. Wǒ duì měiróng lǐngyù fēicháng gǎn xìngqù, dǎsuan zài zhěngróng yīyuàn jiùyè, tèbié xiǎng zhīdào Zhōngguó měiróngyè de fāzhǎn xiànzhuàng.

小俊: 那样的话，就更应该去上海了啊！据我所知，韩国的整容医院在上海最多。

Nàyàng de huà, jiù gèng yīnggāi qù Shànghǎi le a! Jù wǒ suǒ zhī, Hánguó de zhěngróng yīyuàn zài Shànghǎi zuì duō.

美珍: 好的。我决定去上海了。一起去吧！

Hǎo de. Wǒ juédìng qù Shànghǎi le. Yìqǐ qù ba!

짚고 넘어가야 될 문법

■ 作为

전부 4가지의 의미항을 가진다.

1) 행위, 2) 사업의 실적과 성취, 3) ~로 삼다, 4) ~의 신분(자격)으로

(1) 作为工作人员，一定要做好自己的本职工作。
Zuòwéi gōngzuò rényuán, yídìng yào zuò hǎo zìjǐ de běnzhí gōngzuò.

직원은 반드시 자신의 일을 잘 처리해야 한다.

(2) 我一直把爸爸作为我的朋友看待。
Wǒ yìzhí bǎ bàba zuòwéi wǒ de péngyou kàndài.

나는 쭉 아빠를 나의 친구로 봐 왔다.

■ 过

동태조사로서, 동사의 뒤에 위치한다. 동작의 경험을 나타내는데, '~한 적이 있다'라는 뜻을 가진다.

(1) 我还从来没去过上海呢。
Wǒ hái cónglái méi qù guo Shànghǎi ne.

나는 여태까지 상해를 간 적이 없어.

(2) 你的专业是中文，那你去过中国吗?
Nǐ de zhuānyè shì zhōngwén, nà nǐ qù guo Zhōngguó ma?

너의 전공이 중국어라면, 너는 중국에 간 적이 있니?

■ 尝试

'시행(해보다)', '모색(하다)', '시도(해보다)'는 뜻을 가진 동사이다.

(1) 你尝试过一个人去国外旅行吗?
Nǐ chángshì guo yí ge rén qù guówài lǚxíng ma?

혼자서 해외여행을 가려고 시도해본 적 있어?

(2) 为了解决这个问题, 我们尝试了各种方法。
Wèile jiějué zhè ge wèntí, wǒmen chángshì le gèzhǒng fāngfǎ.

이 문제를 해결하기 위해서, 우리는 여러 가지 방법을 모색하였다.

■ ……的同时

본문에서는 접속사로써, '동시에', '게다가'라는 뜻을 가진다.

(1) 你能在学习的同时听音乐吗?
Nǐ néng zài xuéxí de tóngshí tīng yīnyuè ma?

너는 공부하면서 음악도 들을 수 있니?

(2) 他在工作的同时攻读了一个博士课程。
Tā zài gōngzuò de tóngshí gōngdú le yí ge bóshì kèchéng.

그는 일하면서 박사과정도 공부했다.

알고 나면 더 재미있는 중국

상해(上海)

그림 1. 상해시 전경

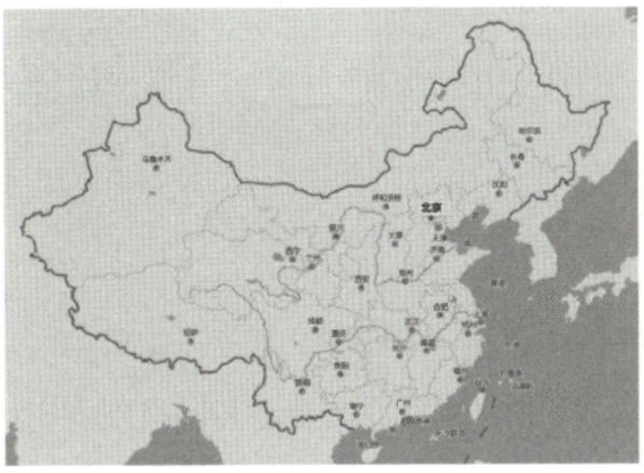

그림 2. 중국지도

상해(上海)는 간단히 '沪(호, hù)'나 '申(신, shēn)'이라고 부른다. 중국의 공산당이 탄생한 곳이며, 중화인민공화국 직할시이자, 국제경제, 금융, 무역, 해상운송, 과학기술혁신의 중심지이다.

춘추전국시기에 상해는 초(楚)나라의 춘신군(春申君)이었던 황헐(黄歇)의 봉읍이었으므로 '申'이라는 별칭이 생겼다.

4, 5세기 진(晋)나라 때, 어부가 물고기를 잡는 기구인 '扈(호, hù)'를 만들었고, 강이 흘러 바다로 들어가는 곳을 '渎(독, dú)'이라고 불렀으므로, 송강(松江) 하류일대를 '扈渎(호독, hùdú)'이라고 불렀다. 이후에 또 이를 '沪'라고 고쳐, 지금은 상해를 간단히 '沪'라고 부른다.

상해는 중국의 역사와 문화로 유명한 도시이며, 근대도시 문화를 깊이 내포하고 있고, 수많은 유적들이 존재하고 있다. 강소성(江苏省)과 절강성(浙江省)의 문화와 서양에서 들어온 산업문화가 서로 융합하여 상해 특유의 문화를 형성하고 있다.

1843년 이후, 상해는 문호를 개방한 항구도시가 되면서 극동 제일의 대도시로 빠르게 발전하였다.

상해시는 총 면적이 6,340km^2이며, 16개의 직할구로 구성되어 있다. 아열대 습윤 계절풍 기후에 속하고, 사계절이 분명하며, 일조량과 강우량이 충분하다.

NOTE

제2과 새 단어

1	不止	[bùzhǐ]	동	(일정한 수량이나 범위를 초과하여) …에 그치지 않다.
2	简化	[jiǎnhuà]	동	간소화하다. 간략하게 만들다. 단순화하다.
3	道理	[dàolǐ]	명	도리. 이치. 일리.
4	倾向	[qīngxiàng]	명	(한쪽으로) 기울다. 쏠리다. 치우치다.
5	而已	[éryǐ]	조	……뿐이다.
6	倒是	[dàoshì]	부	오히려. 도리어.
7	分辨	[fēnbiàn]	동	분별하다. 구분하다.
8	单	[dān]	형	홑의. 하나의.
9	一眼	[yìyǎn]		한 눈에. 첫눈에.
10	受骗	[shòupiàn]	동	사기를 당하다. 속다.
11	类似	[lèisì]	형	유사하다. 비슷하다.
12	截然不同	[jiérán bùtóng]		분명히 다르다.
13	怯头怯脑	[qiètóuqiènǎo]		무서워 기를 펴지 못하다.
14	特征	[tèzhēng]	명	특징.
15	建筑工程	[jiànzhù gōngchéng]	명	건설공사(construction work).

이 문장은 꼭 익혀요!!

■ 不过据我所知，中国大学的名称好像不止一个。
Búguò jù wǒ suǒ zhī, Zhōngguó dàxué de míngchēng hǎoxiàng bùzhǐ yí ge.

■ 我不该这么怯头怯脑的。
Wǒ bù gāi zhème qiètóuqiènǎo de.

■ 单看外表的话，韩国人与中国人不是没有什么区别吗？
Dān kàn wàibiǎo de huà, hánguórén yǔ zhōngguórén bú shì méi yǒu shénme qūbié ma?

제2과

상해의 대학

소준: 네가 상해의 대학을 다닐 생각이라면, 어느 대학교로 갈 계획이야?

미진: 사실 어느 대학교로 갈지 아직 안 정했어.

소준: 상해에는 유명한 대학교가 많이 있다고 들었어. 예를 들면, 복단대학, 상해교통대학, 화동사범대학, 동제대학, 상해외국어대학 등이 있어.

미진: 그런데, 내가 알기론 중국에서의 대학교 명칭은 하나가 아니더라고.

소준: 여러 개의 학교 명칭이 있는 게 아니라, 중국에서는 보통 학교명을 줄여서 많이 사용해. 예를 들어서, 우리도 경성대를 경대라고 부르잖아. 그런 이치야. 조금 더 부르기 편한 명칭을 많이 사용하게 되지.

미진: 그렇군. 그런데 난 중국인들이 그런 명칭으로 외국인과 내국인을 구분하는 게 아닐까라고 생각했어.

소준: 그게 무슨 의미야?

미진: 왜 있잖아. 한국인과 중국인은 외모만 봤을 때는 별 차이가 없잖아. 그래서 외국인이 어느 학교나 장소를 가려고 할 때 전체 이름으로 다 부르면 외국인이라는 게 딱 표가 나니까, 사기 당하기 쉽다는 생각을 했어.

소준: 이전의 중국에서는 그런 일이 있었다고 들었어. 그런데 지금은 너도 알다시피 중국의 위상이 이전과 확연히 달라졌어.

미진: 알았어. 내가 괜히 겁을 먹었나봐. 그럼, 상해에 있는 대학교들은 수준이 다 비슷한거야?

소준: 학교마다 다 제각각 장점과 특징이 있어. 우선 화동사범대학과 복단대학은 문과쪽이 강세인 곳이고, 상해교통대학은 이과쪽이 강세인 곳이야. 또, 동제대학이 있는데, 여기는 건축으로 유명한 곳이야.

第二课
上海的大学

小俊: 如果上上海的大学的话，你打算去哪个学校？

Rúguǒ shàng Shànghǎi de dàxué de huà, nǐ dǎsuan qù nǎ ge xuéxiào?

美珍: 去哪个学校，我还没决定。

Qù nǎ ge xuéxiào, wǒ hái méi juédìng.

小俊: 听说在上海有好几个有名的大学，比如复旦大学、上海交通大学、华东师范大学、同济大学、上海外国语大学等等。

Tīngshuō zài Shànghǎi yǒu hǎo jǐ ge yǒumíng de dàxué, bǐrú Fùdàn dàxué, Shànghǎi Jiāotōng dàxué, Huádōng shīfàn dàxué, Tóngjì dàxué, Shànghǎi Wàiguóyǔ dàxué děngděng.

美珍: 可是你知道中国大学的名称不止一个吗？

Kěshì nǐ zhīdào Zhōngguó dàxué de míngchēng bù zhǐ yí ge ma?

小俊: 那不是一个学校有好几个名称，而是中国人一般将大学的名称简化使用。比如说，我们的庆星大学也不是被简化为"庆大"使用吗？这都是一个道理。人们只是更倾向于使用更简单的名称而已。

Nà bú shì yí ge xuéxiào yǒu hǎo jǐ ge míngchēng, érshì zhōngguórén yìbān jiāng dàxué de míngchēng jiǎnhuà shǐyòng. Bǐrú shuō, wǒmen de Qìngxīng dàxué yě bú shì bèi jiǎnhuà wéi Qìngdà shǐyòng ma? Zhè dōu shì yí ge dàolǐ. Rénmen zhǐshì gèng qīngxiàng yú shǐyòng gèng jiǎndān de míngchēng éryǐ.

美珍: 原来是这样啊！不过我倒是认为这是中国人用来分辨外国人与本国人的一种方法。

Yuánlái shì zhèyang a! Búguò wǒ dàoshì rènwéi zhè shì zhōngguórén yònglái fēnbiàn wàiguórén yǔ běnguórén de yì zhǒng fāngfǎ.

小俊: 这是什么意思啊？

Zhè shì shénme yìsi a?

美珍: 不是有这种情况嘛，单看外表的话，韩国人与中国人不是没有什么区别吗？所以要去哪个学校或什么地方的时候，如果说全称的话，一眼就可以看出来外国人。那就特别容易受骗。

Bú shì yǒu zhè zhǒng qíngkuàng ma, dān kàn wàibiǎo de huà, hánguórén yǔ zhōngguórén bú shì méi yǒu shénme qūbié ma? Suǒyǐ yào qù nǎ ge xuéxiào huò shénme dìfang de shíhou, rúguǒ shuō quánchēng de huà, yì yǎn jiù kěyǐ kàn chūlai wàiguórén. Nà jiù tèbié róngyì shòupiàn.

小俊: 听说以前在中国有过类似的事件发生。不过现在正如你所知道的那样，中国的地位跟以前相比已经截然不同了。

Tīngshuō yǐqián zài Zhōngguó yǒu guo lèisì de shìjiàn fāshēng. Búguò xiànzài zhèngrú nǐ suǒ zhīdào de nàyang, Zhōngguó de dìwèi gēn yǐqián xiāngbǐ yǐjīng jiérán bùtóng le.

美珍: 知道了。我不该这么怯头怯脑的。啊，对了，上海各个大学的水平都差不多吗？

zhīdào le. Wǒ bù gāi zhème qiètóuqiènǎo de. A, duì le, Shànghǎi gè ge dàxué de shuǐpíng dōu chàbuduō ma?

小俊: 每个大学都有各自的优势和特征。首先，华东师范大学与复旦大学在文科方面比较擅长，而上海交通大学在理工科方面比较擅长。还有同济大学呢，在建筑工程方面更加有名。

Měi ge dàxué dōu yǒu gèzì de yōushì hé tèzhēng. Shǒuxiān Huádōng shīfàn dàxué yǔ Fùdàn dàxué zài wénkē fāngmiàn bǐjiào shàncháng, ér Shànghǎi Jiāotōng dàxué zài lǐgōngkē fāngmiàn bǐjiào shàncháng. Háiyǒu Tóngjì dàxué ne, zài jiànzhù gōngchéng fāngmiàn gèng jiā yǒumíng.

짚고 넘어가야 될 문법

■ 好

부사로 많거나 오래되었다는 것을 나타낼 때는 수량사 혹은 시간을 나타내는 단어 앞에 위치한다.

(1) 我工作好几年了。
Wǒ gōngzuò hǎo jǐ nián le.

나는 오랫동안 일했다.

(2) 听说在上海有好几个有名的大学。
Tīngshuō zài Shànghǎi yǒu hǎo jǐ ge yǒumíng de dàxué

상해에는 유명한 대학이 많다고 들었어.

■ 将

개사로 '把'와 같이 목적어를 동사 앞에 전치시킬 때 사용한다.

(1) 政府肯定会将反腐败斗争进行到底。
Zhèngfǔ kěndìng huì jiāng fǎn fǔbài dòuzhēng jìnxíng dàodǐ.

정부는 반드시 반부패 투쟁을 끝까지 할 것이다.

(2) 中国人一般将大学的名称简化使用。
Zhōngguórén yìbān jiāng dàxué de míngchēng jiǎnhuà shǐyòng.

중국인은 보통 대학의 명칭을 줄여서 사용한다.

■ 跟……相比

‘相比’는 동사로, ‘비교하다’는 뜻을 가진다. 여기에서 개사 ‘跟’과 같이 쓰여, ‘~와 서로 비교하다’는 뜻을 나타낸다.

(1) 跟他相比，你的能力更强。
Gēn tā xiāngbǐ, nǐ de nénglì gèng qiáng.

그와 비교해보면, 너의 능력이 더 뛰어나.

(2) 人的脑子不能跟电脑相比。
Rén de nǎozi bù néng gēn diànnǎo xiāngbǐ.

사람의 머리는 컴퓨터와 비교할 수 없다.

알고 나면 더 재미있는 중국

1. 복단대학(复旦大学, Fudan University)

그림 3. 복단대학 로고

- 복단대학(复旦大学)은 간단히 줄여서 '복단(复旦)'이라고 부른다.
- 중국에서 최고 수준을 자랑하는 연구 중심의 종합대학이다.
- 복단대학의 전신은 1905년에 창립한 복단공학(复旦公学)으로, 중국 최초의 민간 자율학교의 하나이다.
- 1952년 학부를 조정하여 문과와 이과를 기반으로 한 교육과 연구 중심의 종합대학이 되었다.
- 상해의과대학(上海医科大学)의 전신은 1927년에 설립한 제4국립중산대학교 의학대학으로, 중국인이 자율적으로 설립한 최초의 국립의학대학이다.
- 2000년에 복단대학과 상해의과대학이 통합하여 새로운 복단대학이 만들어졌다.
- 현재 한감(邯郸), 풍림(枫林), 강만(江湾), 장강(张江) 등 4개의 캠퍼스를 두고 있다.

중국어 명칭	复旦大學	외국어 명칭	Fudan University
약칭	复旦·FUDAN	창립년월	1905年 6月 29日
주관부	中华人民共和国教育部	분류	公立大学
교훈	博学而笃志，切问而近思	학교유형	综合
중점 교육 분야	本科专业 74个 硕士点 学术学位授权一级学科41个 专业学位授权类别 博士点 学术学位授权一级学科35个 专业学位授权类别2个 博士后 科研流动站35个 国家重点学科 一级学科11个 二级学科19个，培育学科3个	주소	上海市 杨浦区 邯郸路 220号
홈페이지	http://www.fudan.edu.cn	현임총장	许宁生

2. 상해교통대학 (上海交通大学, Shanghai JiaoTong University)

그림 4. 상해교통대학 로고

- 상해교통대학(上海交通大学)은 간단히 줄여서 '상해교대(上海交大)'라고 부른다.
- 1896년에 설립하였으며, 원래의 명칭은 남양공학(南洋公学)으로, 중국 대학의 여러 근원 중의 하나이다.
- 1911년에 남양대학당(南洋大学堂)으로 개명하고, 1929년에 다시 국립교통대학(国立交通大学)으로, 1949년에 교통대학(交通大学)으로 개명했다.
- 1955년에 서안(西安)으로 학교를 옮기고, 교통대학 상해분교와 서안분교로 나누었다.
- 1959년 두 개의 분교는 독립적으로 조직을 제도하여, 상해분교는 상해교통대학(上海交通大学)이라는 교명을 사용하기 시작했다.
- 1999년 기존의 상해농학대학(上海农学院)과 통합하고, 2005년 기존의 상해제2의과대학(上海第二医科大学)과 통합하여 새로운 상해교통대학이 탄생하였다.
- 2016년 12월까지, 상해교통대학은 서회(徐汇), 민항(闵行), 황포(黄浦), 장녕(长宁), 칠보(七宝), 포동(浦东) 등 6개의 캠퍼스를 두고 있으며, 전체 면적은 300여 만m^2이다.

중국어 명칭	上海交通大学	외국어 명칭	Shanghai JiaoTong University
약칭	上海交大(SJTU)	창립년월	1896年 4月 8日
주관부	中华人民共和国教育部	분류	公立大学
교훈	饮水思源, 爱国荣校	학교유형	综合
중점 교육 분야	电子信息与电气工程学院 机械与动力工程学院 船舶海洋与建筑工程学院 医学院, 人文学院 药学院, 农业与生物学院 环境科学与工程学院等	주소	上海市 闵行区 东川路 800号
홈페이지	http://www.sjtu.edu.cn	현임총장	林忠欽

3. 화동사범대학 (华东师范大学, East China Normal University)

그림 5. 화동사범대학 로고

- 화동사범대학(华东师范大学)은 간단히 줄여서 '화동사대(华东师大)' 또는 '화사대(华师大)'라고 부른다.
- 화동사범대학은 '지혜의 발견, 품성의 양성, 민족과 사회의 발전'이라는 학교 설립 이념을 받들고, "실제적인 것을 추구하여 창조하며, 타인의 모범이 되자"라는 교훈으로, 창의형 인재를 양성하고 있다.
- 적극적으로 학제 간 교차융합과 국제화 과정을 추진하여, '일류 학과와 여러 학과들이 조화롭게 발전하고, 중국 교수의 교육발전을 이끄는 세계적으로 이름난 연구지향 대학'이라는 목표를 향해 나아가고 있다.
- 2015년 7월 3일, 화동사범대학은 QQ와 정식으로 '인터넷+교육'이라는 전략적인 협력협의를 체결하였다.
- 2016년 2월, 중국의 100대 일류대학 명단에서 화동사범대학은 28위에 랭크되었다.

중국어 명칭	华东师范大学	외국어 명칭	East China Normal University
약칭	华东师大(ECNU) 华师大	창립년월	1951年 10月 16日
주관부	中华人民共和国教育部	분류	公立大学
교훈	求实创造，为人师表	학교유형	师范大学(综合)
중점 교육 분야	教育学部, 经济与管理学部 地球科学学部, 人文社会科学学院 外语学院, 信息科学与技术学院 生命科学学院 物理与材料科学学院 计算机科学与软件工程学院等	주소	上海市 普陀区 中山北路 3663号 闵行区 东川路 500号
홈페이지	http://www.ecnu.edu.cn	현임총장	钱旭红

4. 동제대학 (同济大学, Tongji University)

그림 6. 동제대학 로고

그림 7. 동제대학 로고의 실제 모습

- 동제대학(同济大学)은 간단히 줄여서 '동제(同济)'라고 부른다.
- 1907년에 설립되어 그 역사가 상당히 길며, 전국중점대학으로 중국의 저명한 대학이라는 명성을 지니고 있다.
- 동제대학은 신입생모집기준이 엄격하기로 유명하다.
- 동제대학의 전신은 1907년 독일인 의사 에리히·파울룬(Erich Paulun)이 상해에서 창설한 독일의학당[德文医学堂]이다.
- 그 다음해, 동제독일의학당[同济德文医学堂]으로 개명하였다.
- 1912년에 창설한지 얼마 안 된 동제독일공학당[同济德文工学堂]과 합병하여 다시 동제독일의공학당[同济德文医工学堂]으로 개명했다.
- 1923년 정식으로 동제대학교로 정하고, 1927년 국립동제대학교가 되어, 중국 최초의 국립대학의 하나가 되었다.

중국어 명칭	同济大学	외국어 명칭	Tongji University
약칭	同济(TJU)	창립년월	1907年
주관부	中华人民共和国教育部	분류	公立大学
교훈	同舟共济	학교유형	综合
중점 교육 분야	人文学院, 医学院 理学部, 经管学院 法学院, 建筑学院 电信学院, 机械学院	주소	上海市 杨浦区 四平路 1239号
홈페이지	http://www.tongji.edu.cn/index.html	현임총장	钟志华 院士

제3과 새 단어

1	护照	[hùzhào]	명	여권.
2	区政府	[qūzhèngfǔ]	명	구청.
3	办理	[bànlǐ]	동	처리하다. 취급하다. 해결하다. (수속을) 밟다.
4	签发	[qiānfā]	동	서명하여 발급하다.
5	种类	[zhǒnglèi]	명	종류.
6	一次性	[yícìxìng]	명	일회용.
7	期限	[qīxiàn]	명	기한. 시한.
8	次数	[cìshù]	명	횟수.
9	限制	[xiànzhì]	명	제한. 한정. 한계.
10	往返	[wǎngfǎn]	동	왕복하다. 오가다.
11	签证	[qiānzhèng]	명	비사(visa). 사증(査證).
12	麻烦	[máfan]	형	귀찮다. 성가시다. 번거롭다.
13	加急	[jiājí]	형	지급의. 긴급의.
14	暂时	[zànshí]	명	잠깐. 잠시. 일시.
15	施行	[shīxíng]	동	(법령·규정 등을) 집행하다. 시행하다. 실시하다.
16	政策	[zhèngcè]	명	정책.

이 문장은 꼭 익혀요!!

■ 你知道在哪儿办护照吗？
Nǐ zhīdào zài nǎr bàn hùzhào ma?

■ 护照种类有两种，一种是一次性护照，另一种是长期护照。
Hùzhào zhǒnglèi yǒu liǎng zhǒng, yì zhǒng shì yícìxìng hùzhào, lìng yì zhǒng shì chángqī hùzhào.

■ 韩国除了济州岛以外，其它地区都需要签证。
Hánguó chúle Jìzhōudǎo yǐwài, Qítā dìqū dōu xūyào qiānzhèng.

제3과
여권 및 비자 준비

소준: 미진아. 여권은 만들었어?

미진: 아니. 아직.

소준: 어디에서 만드는지 알아?

미진: 몰라. 어디에서 만들어?

소준: 보통은 구청에서 다 발급이 가능해.

미진: 발급기간이 어떻게 되는지 알아?

소준: 보통은 일주일이 걸리지 않는다고 들었어. 그리고 종류도 단수여권과 복수여권 2종류가 있어.

미진: 그 둘의 차이점은 뭐야?

소준: 단수여권은 1년 안에 1번만 사용이 가능하고, 복수여권은 만료 기한 내에 횟수 제한 없이 외국에 다닐 수 있는 여권이야.

(시간이 지나고)

소준: 비자는 신청했어?

미진: 아니. 신청하려고. 그런데 참 귀찮아.

소준: 뭐가?

미진: 일본에 갈 때는 비자가 필요없거든. 중국가려면 비자도 필요하고, 또 비자 신청 가격이 비싸.

소준: 얼만데?

미진: 개인이 여행사를 통해서 신청하려면, 3종류가 있는데, 당일급행은 150,000원, 1박2일은 120,000원, 3박4일은 80,000원이야.

소준: 중국인들도 마찬가지야. 제주도를 제외하고, 다른 지역은 다 비자가 필요해.

미진: 그래도 우리나라는 평창올림픽에서 중국인 관광객 유치를 위해, 일시적으로 무비자를 시행했다고 하더라고.

소준: 맞아. 2017년 12월 1일부터 2018년 3월 31일까지 중국인에게 무비자 정책을 시행했어.

第三课

准备护照与签证

小俊: 美珍，护照办了吗？

Měizhēn , hùzhào bàn le ma?

美珍: 还没有。

Hái méi yǒu.

小俊: 你知道在哪儿办护照吗？

Nǐ zhīdao zài nǎr bàn hùzhào ma?

美珍: 还不知道。在哪儿办呢？

Hái bù zhīdào zài nǎr bàn ne?

小俊: 一般在区政府都可以办理。

Yìbān zài qū zhèngfǔ dōu kěyǐ bànlǐ.

美珍: 你知道签发需要多长时间？

Nǐ zhīdao qiānfā xūyào duōcháng shíjiān?

小俊: 听说一般不会超过一周的时间。而且护照种类有两种，一种是一次性护照，另一种是长期护照。

Tīngshuō yìbān bú huì chāoguò yì zhōu de shíjiān. Érqiě hùzhào zhǒnglèi yǒu liǎng zhǒng, yì zhǒng shì yícìxìng hùzhào, lìng yì zhǒng shì chángqī hùzhào.

美珍: 这两种有什么差别？

Zhè liǎng zhǒng yǒu shénme chābié?

小俊: 一次性护照是在一年内只能使用一次，长期护照是在期限内没有次数限制，往返于外国。

Yícìxìng hùzhào shì zài yì nián nèi zhǐ néng shǐyòng yí cì, chángqī hùzhào shì zài qīxiàn nèi méi yǒu cìshù xiànzhì, wǎngfǎn yú wàiguó.

(过了些日子)

小俊: 你的签证申请了吗？

Nǐ de qiānzhèng shēnqǐng le ma?

美珍: 还没有。想去申请，太麻烦了。

Hái méi yǒu. Xiǎng qù shēnqǐng, tài máfan le.

小俊: 为什么?

Wèishénme?

美珍: 去日本的话，不需要签证的。不过想去中国的话，还需要签证，而且签证费也太贵了。

Qù Rìběn de huà, bù xūyào qiānzhèng de. Búguò xiǎng qù Zhōngguó de huà hái xūyào qiānzhèng, érqiě qiānzhèngfèi yě tài guì le.

小俊: 多少钱？

Duōshao qián?

美珍: 个人通过旅行社申请签证的话，共有三个种类。按办理时间，当天加急的需要150,000韩币，两天一夜的需要120,000韩币，四天三夜的需要80,000韩币。

Gèrén tōngguò lǚxíngshè shēnqǐng qiānzhèng de huà, gòng yǒu sān ge zhǒnglèi. Àn bànlǐ shíjiān, dàngtiān jiājí de xūyào shíwǔwàn hánbì, liǎng tiān yí yè de xūyào shí'èrwàn hánbì, sì tiān sān yè de xūyào bāwàn hánbì.

小俊: 中国也跟我们一样，除了济州岛以外，其它地区都需要签证。

Zhōngguó yě gēn wǒmen yíyàng, chúle Jìzhōudǎo yǐwài, qítā dìqū dōu xūyào qiānzhèng.

美珍: 我们国家为了在平昌奥运会增加中国旅客的访问量，暂时施行了"对中国人免签证政策"。

Wǒmen guójiā wèile zài Píngchāng àoyùnhuì zēngjiā Zhōngguó yóukè de fǎngwèn liàng, zànshí shīxíng le duì zhōngguórén miǎn qiānzhèng zhèngcè.

小俊: 对啊。韩国从2017年12月1号到2018年3月31号向中国人施行了免签证的政策。

Duì a. Hánguó cóng èrlíngyīqī nián shí'èr yuè yī hào dào èrlíngyībā nián sān yuè sānshíyī hào xiàng zhōngguórén shīxíng le miǎn qiānzhèng de zhèngcè.

짚고 넘어가야 될 문법

■ 多长时间

시량을 묻는 표현으로, 대답은 시량보어를 형성하게 된다.

(1) 还需要**多长时间**啊?
Hái xūyào duōcháng shíjiān a?
몇 시간이 더 필요한 거야?

(2) 从上海到釜山得坐**多长时间**的飞机？
Cóng Shànghǎi dào Fǔshān děi zuò duōcháng shíjiān de fēijī?
상해에서 부산까지 몇 시간동안 비행기를 타야하는 거니?

■ 太……了

불만이나 칭찬을 나타낼 때 사용하는 표현이다. 일반적으로 太와 了 사이에 형용사가 위치한다.

(1) 我的工作**太**忙**了**。
Wǒ de gōngzuò tài máng le.
나의 일이 너무 바빠졌어.

(2) 这个程序**太**繁琐**了**。
Zhè ge chéngxù tài fánsuǒ le.
이 절차는 너무 번거로워.

■ 除了……以外

'~을 제외한 이외에'라는 의미로, 뒷절에 '都', '也', '还'와 호응을 이룬다.

(1) 她除了学习以外，还要做很多家务。

Tā chúle xuéxí yǐwài, háiyào zuò hěn duō jiāwù.

그녀는 공부 말고도, 또 매우 많은 가사일을 해야 한다.

(2) 除了唱歌以外，他还喜欢跳舞。

Chúle chànggē yǐwài, tā hái xǐhuan tiàowǔ.

노래를 부르는 것 말고, 그는 또 춤을 추는 것도 좋아해.

알고 나면 더 재미있는 중국

1. 중국비자

중국방문목적	중국비자종류
교류, 방문, 견학 등	F
비즈니스 무역	M
여행	L
중국국적 친척 혹은 중국에 거주하는 친척방문 등의 목적	Q1, Q2
취업이나 상업 목적의 공연 시	Z
경유를 목적으로 한 방문	G
국제 승무, 항공, 선박 및 철도운송 임무수행 방문	C
학업이나 연수	X1, X2
인재 초빙을 위한 방문 목적	R
언론종사자	J1, J2
영구세류 목적	D

2. 비자발급비용

발급소요기간	3박 4일	1박 2일	당일 급행
관광단수(30일)A	68,000원	110,000원	155,000원
관광단수(90일)D	80,000원	115,000원	165,000원
관광단복수(90일)M	170,000원	210,000원	240,000원
한국2차비자(더블)B(30일, 2회)	115,000원	155,000원	185,000원
단체비자(30일)A	50,000원	70,000원	90,000원
별지비자	55,000원	55,000원	

발급소요기간	3박 4일	1박 2일	당일 급행
상용단수30일	90,000원	130,000원	160,000원
상용단수90일	100,000원	140,000원	170,000원
6개월 복수(30일)신규H	145,000원	185,000원	215,000원
6개월 복수(90일)신규H	155,000원	190,000원	225,000원
1년 복수(30일)신규I	170,000원	210,000원	240,000원
1년 복수(90일)신규I	190,000원	220,000원	250,000원
취업비자	80,000원	120,000원	150,000원
유학비자	80,000원	120,000원	150,000원

발급소요기간	3박 4일	1박 2일	당일 급행
Q1(180일 이상)	105,000원	150,000원	180,000원
Q2(180일 이하)	105,000원	150,000원	180,000원
S1(180일 이상)	105,000원	150,000원	180,000원
S2(180일 이하)	105,000원	150,000원	180,000원
Q2/3년복수(180일 체류)	170,000원	210,000원	250,000원

제4과 새 단어

1	关门	[guānmén]	명	관문.
2	候机大楼	[hòujī dàlóu]	명	공항의 주건물.
3	搞	[gǎo]	동	하다. 처리하다. 취급하다.
4	清楚	[qīngchu]	형	분명하다. 명백하다. 뚜렷하다.
5	建成	[jiànchéng]	동	(건축물을) 완성하다. 준공하다.
6	悠久	[yōujiǔ]	형	유구하다. 장구하다.
7	客流量	[kèliúliàng]	명	(일정한 시각에 일정한 장소로 이동하는) 승객들의 유동량.
8	面积	[miànjī]	명	면적.
9	浦东国际机场	[pǔdōng guójì jīchǎng]	명	푸동국제공항.
10	大韩航空	[dàhán hángkōng]	명	대한항공.
11	韩亚航空	[hányà hángkōng]	명	아시아나항공.
12	东方航空	[dōngfāng hángkōng]	명	동방항공.
13	上海航空	[shànghǎi hángkōng]	명	상해항공.

이 문장은 꼭 익혀요!!

■ 我们应该去哪个候机大楼呢？
Wǒmen yīnggāi qù nǎ ge hòujī dàlóu ne?

■ 上海有上海浦东国际机场与虹桥国际机场两个机场。
Shànghǎi yǒu Shànghǎi Pǔdōng guójì jīchǎng yǔ Hóngqiáo guójì jīchǎng liǎng ge jīchǎng.

■ 不管是在客流量上，还是在面积上，都是虹桥机场所不能比的。
Bùguǎn shì zài kèliúliàng shang, háishì zài miànjī shang, dōu shì Hóngqiáo jīchǎng suǒ bù néng bǐ de.

제4과

상해푸동국제공항

미진: 여기가 상해의 푸동국제공항이구나.

소준: 그래, 여기가 중국의 3대 관문 중의 한 곳이야.

미진: 진짜 크다.

소준: 청사가 두 군데나 있으니까. 귀국할 때, 어느 청사로 가야할지 잘 알아둬야 해.

미진: 알았어. 우리는 어느 청사로 가야 돼?

소준: 제일청사.

미진: 상해에는 공항이 2개 있다고 들었는데?

소준: 맞아. 상해푸동국제공항과 홍챠오국제공항이 있어. 홍챠오국제공항은 1921년에 건설되었어. 진짜 오래되었지?

미진: 와~우 대단하네.

소준: 그에 반해 상해푸동국제공항은 1999년에 건설되어서, 역사가 짧은 편이야. 그렇지만 지금은 상해의 제일가는 공항으로 이용객도 면적도 홍챠오공항과 비교가 안돼.

미진: 그래서 지금은 상해푸동국제공항을 더 많이 이용하는구나.

소준: 대한항공, 아시아나항공, 중국동방항공, 상해항공에서 푸동공항으로 가는 비행기가 있어. 거의 모든 항공사마다 월요일에서 금요일까지 다 노선이 있다고 보면 돼. 그만큼 상해푸동공항을 통해서 중국으로 가는 사람이 많다는 말이지.

第四课
上海浦东国际机场

美珍: 这儿就是上海的浦东国际机场啊！

Zhèr jiù shì Shànghǎi de Pǔdōng guójì jīchǎng a!

小俊: 对，这里是中国的三大关口之一。

Duì, zhèli shì Zhōngguó de sān dà guānkǒu zhī yī.

美珍: 真大啊！

Zhēn dà a!

小俊: 这里有两个候机大楼，所以在回国的时候，一定要搞清楚应该进哪个候机大楼才行。

Zhèli yǒu liǎng ge hòujī dàlóu, suǒyǐ zài huíguó de shíhou, yídìng yào gǎo qīngchu yīnggāi jìn nǎ ge hòujī dàlóu cái xíng.

美珍: 知道了。我们应该去哪个候机大楼呢？

Zhīdào le. Wǒmen yīnggāi qù nǎ ge hòujī dàlóu ne?

小俊: 第一候机大楼。

Dìyī hòujī dàlóu.

美珍: 而且我听说上海有两个机场，是真的吗？

Érqiě wǒ tīngshuō Shànghǎi yǒu liǎng ge jīchǎng, shì zhēnde ma?

小俊: 是的，上海有上海浦东国际机场与虹桥国际机场两个机场。虹桥国际机场于1921年建成，确实是具有悠久的历史吧？

Shì de, Shànghǎi yǒu Shànghǎi Pǔdōng guójì jīchǎng yǔ Hóngjiáo guójì jīchǎng liǎng ge jīchǎng. Hóngqiáo guójì jīchǎng yú yījiǔ'èryī nián jiànchéng, quèshí shì jùyǒu yōujiǔ de lìshǐ ba?

美珍: 哇，真了不起啊！

Wā, zhēn liǎobùqǐ a!

小俊: 相反，上海浦东国际机场却是于1999年建成，历史也相对要短很多。不过，现在的浦东机场作为上海的第一大机场，不管是在客流量上，还是在面积上，都是虹桥机场所不能比的。

Xiāngfǎn, Shànghǎi Pǔdōng guójì jīchǎng què shì yú yījiǔjiǔjiǔ nián jiànchéng, lìshǐ yě xiāngduì yào duǎn hěn duō. Búguò xiànzài de Pǔdōng jīchǎng zuòwéi Shànghǎi de dìyī dà jīchǎng, bùguǎn shì zài kèliúliàng shang, háishì zài miànjī shang, dōu shì Hóngqiáo jīchǎng suǒ bù néng bǐ de.

美珍: 正因为这样，现在人们更倾向于使用上海的浦东国际机场啊！

Zhèng yīnwèi zhèyàng, xiànzài rénmen gèng qīngxiàng yú shǐyòng Shànghǎi de Pǔdōng guójì jīchǎng a!

小俊: 有大韩航空、韩亚航空、中国东方航空、上海航空飞往浦东机场的飞机。几乎每个航空公司周一到周五都有航线。这说明通过上海浦东机场进入中国的人很多。

Yǒu dàhán hángkōng, hányà hángkōng, Zhōngguó dōngfāng hángkōng, Shànghǎi hángkōng fēiwǎng Pǔdōng jīchǎng de fēijī. Jīhū měi ge Hángkōng gōngsī zhōuyī dào zhōuwǔ dōu yǒu hángxiàn. Zhè shuōmíng tōngguò Shànghǎi Pǔdōng jīchǎng jìnrù Zhōngguó de rén hěn duō.

짚고 넘어가야 될 문법

■ ……才行

'~가 되어서야 (비로소) 가능하다'는 뜻을 가지고 있다.

(1) 想要成功只有加倍努力才行。
Xiǎng yào chénggōng zhǐyǒu jiābèi nǔlì cái xíng.
성공할 생각이라면 몇 배의 노력을 해야 한다.

(2) 不管做什么事得认真才行。
Bùguǎn zuò shénme shì děi rènzhēn cái xíng.
무슨 일을 하든지 열심히 해야 한다.

■ 不管……还是……

'不管'은 조건관계를 나타내는 접속사로, 뒤에 'A还是B'라는 형식을 두어, 'A나 B에 관계없이'라는 뜻을 나타낸다.

(1) 跟女朋友分手以后，不管上班还是回家，都很无聊。
Gēn nǚpéngyou fēnshǒu yǐhòu, bùguǎn shàngbān háishì huíjiā, dōu hěn wúliáo.
여자 친구와 헤어지고 나서, 출근을 하든 귀가하든 상관없이 전부 재미가 없다.

(2) 不管成功还是失败，必须要盡全力去做。
Bùguǎn chénggōng háishì shībài, bìxū yào jìn quánlì qù zuò.
성공을 하든 실패를 하든 관계없이, 최선을 다해야 한다.

■ 几乎

'几乎'는 두 가지 의미를 지닌다. 하나는 '하마터면'을 나타내고, 다른 하나는 '거의'라는 의미를 나타낸다.

(1) 上海的变化真大啊，以前的样子几乎找不到了。
Shànghǎi de biànhuà zhēn dà a, yǐqián de yàngzi jīhū zhǎobudào le.
상해의 변화는 진짜 커서, 이전의 모습은 거의 찾아볼 수 없다.

(2) 这个国家的旅行景点，几乎所有的都免费。
Zhè ge guójiā de lǚxíng jǐngdiǎn, jīhū suǒyǒu de dōu miǎnfèi.
이 나라의 여행지는 거의 모든 것이 다 공짜이다.

알고 나면 더 재미있는 중국

1. 상해푸동국제공항(上海浦东国际机场)

그림 8. 상해푸동국제공항

상해푸동국제공항(Shanghai Pudong International Airport)은 상해시(上海市) 푸동신구(浦东新区)에 위치해 있으며, 시내와는 대략 30km정도 떨어져 있다. 1999년에 완공되어 19년의 역사를 가지고 있다. 2016년 말까지, 37개의 항공사가 이곳에서 화물수송의 업무를 진행하고 있으며, 전체 31개 국가와 112개 지역을 취항하고 있고, 매주 화물수송기가 1,000대 가까이 이착륙을 한다.

2. 상해홍챠오국제공항(上海虹桥国际机场)

그림 9. 상해홍챠오국제공항

상해홍챠오국제공항(Shanghai Hongqiao International Airport)은 상해시(上海市) 창닝구(长宁区)에 위치하여, 시내와 13km 떨어져 있다. 1921년에 건립되었으며, 1950년에 다시 건설하였다.

2016년 한해 공항이용객은 4046.01만 명으로, 전년대비 3.5%가 증가하였으나, 화물수송량은 42.89만 톤으로 전년대비 1.1% 하락하였다. 이는 중국 내에서 제7위, 제8위에 해당되는 사항이다.

NOTE

제5과 새 단어

1	微信	[wēixìn]	명	위챗. 텐센트에서 2011년에 출시한 메신저 프로그램.
2	开通	[kāitōng]	동	개통하다. 열다.
3	下载	[xiàzài]	동	다운로드하다.
4	步骤	[bùzhòu]	명	(일 진행의) 순서. 절차.
5	操作	[cāozuò]	동	조작하다. (손으로) 다루다.
6	繁琐	[fánsuǒ]	형	번잡하고 자질구레하다.
7	软件	[ruǎnjiàn]	명	(컴퓨터의) 소프트웨어(software).
8	验证码	[yànzhèng mǎ]	명	인증번호.
9	登录	[dēnglù]	동	로그인.
10	昵称	[nìchēng]	명	애칭. 닉네임.
11	结账	[jiézhàng]	동	계산하다.

이 문장은 꼭 익혀요!!

■ 开通微信需要三个步骤操作才能完成。
Kāitōng wēixìn xūyào sān ge bùzhòu cāozuò cái néng wánchéng.

■ 步骤多是多，不过不是非常繁琐。
Bùzhòu duō shì duō, búguò bú shì fēicháng fánsuǒ.

■ 那你能告诉我使用QQ号登陆微信的操作过程吗？
Nà nǐ néng gàosu wǒ shǐyòng QQ hào dēnglù wēixìn de cāozuò guòchéng ma?

제5과

위챗 개통

미진: 아직 위챗을 다운받지 못했어. 어떻게 다운로드를 하는지 알아?

소준: 위챗을 하려면 3가지 조작단계를 거쳐야 돼.

미진: 그렇게 번거로운 거야?

소준: 절차가 많긴 한데, 매우 번거로운 것은 아니야. 1단계는 응용 소프트웨어 앱을 다운로드하여 설치해야 돼.

미진: 천천히 말해줄래? 나 아직 핸드폰을 꺼내지 않았단 말야.

소준: 2단계는 설치가 완료되면 위챗 애플리케이션을 열고 제시된 대로 새 계정을 만들고 핸드폰 번호를 입력하면 돼. 3단계는 위챗에서 핸드폰에 인증번호를 보내면, 그 인증번호를 입력해서 안내대로 위챗을 개통하면 돼.

미진: 내가 QQ번호가 있는데, 그 번호로 직접 로그인할 수 있어?

소준: QQ번호로 로그인할 수 있는 걸로 알고 있어.

미진: 그럼 QQ번호를 사용하여 위챗에 로그인하는 조작 과정을 알려줄 수 있어?

소준: 너의 QQ번호와 QQ번호 비밀번호를 입력하고, 위챗애칭을 적으면 돼.

미진: 난 그래도 QQ번호를 사용해서 개통하는 게 좋겠어.

소준: 중국에서는 위챗을 개통해야 많이 편리해. 예를 들면, '띠띠(滴滴)'나 '차오차오(曹操)'로 택시를 잡을 때나 식당에서 밥을 먹고 계산할 때 편해.

미진: 고마워. 네 도움이 컸어!

소준: 그럼 한번 해 봐. 안 되면 다시 와서 물어보고.

미진: 알았어. 나 먼저 갈게. 다음 주 수업시간에 봐.

소준: 다음 주에 보자.

第五课
开通微信

美珍: 我还没有下载微信呢。你知道怎么下载吗？

Wǒ hái méi yǒu xiàzài wēixìn ne. Nǐ zhīdào zěnme xiàzài ma?

小俊: 开通微信需要三个操作步骤才能完成。

Kāitōng wēixìn xūyào sān ge bùzhòu cāozuò cái néng wánchéng.

美珍: 那么麻烦啊？

Nàme máfan a?

小俊: 步骤多是多，不过不是非常繁琐。第一步是“下载安装微信应用软件app...... ”。

Bùzhòu duō shì duō, búguò bú shì fēicháng fánsuǒ. Dìyībù shì xiàzài ānzhuāng wēixìn yìngyòng ruǎnjiàn app.

美珍: 能不能慢点儿说啊，我还没把手机拿出来呢。

Néng bù néng màn diǎnr shuō a, wǒ hái méi bǎ shǒujī ná chūlai ne.

小俊: 第二步是“安装完成后，打开微信应用，按照提示创建新账号，填写手机号码”。第三步是“微信会发送验证码到手机上，填写手机上的验证码，按提示开通微信”。

Dì'èrbù shì ānzhuāng wánchéng hòu, dǎkāi wēixìn yìngyòng, ànzhào tíshì chuàngjiàn xīn zhànghào, tiánxiě shǒujī hàomǎ. Dìsānbù shì wēixìn huì fāsòng yànzhèng mǎ dào shǒujī shang, tiánxiě shǒujī shang de yànzhèng mǎ, àn tíshì kāitōng wēixìn.

美珍: 我有QQ号，能不能直接用QQ号登录呢？

Wǒ yǒu QQ hào, néng bù néng zhíjiē yòng QQ hào dēnglù ne?

小俊: 据我所知，是可以使用QQ号登录的。

Jù wǒ suǒ zhī, shì kěyǐ shǐyòng QQ hào dēnglù de.

美珍: 那你能告诉我使用QQ号登录微信的操作过程吗？

Nà nǐ néng gàosu wǒ shǐyòng QQ hào dēnglù wēixìn de cāozuò guòchéng ma?

小俊: 填写你的QQ号、QQ号密码，并填写微信昵称，就可以了。

Tiánxiě nǐ de QQ hào, QQ hào mìmǎ, bìng tiánxiě wēixìn nìchēng, jiù kěyǐ le.

美珍: 我还是使用QQ号开通好了。

Wǒ háishì shǐyòng QQ hào kāitōng hǎo le.

小俊: 在中国，开通微信是有很多便利的。比如，使用“滴滴”或者“曹操”打车的时候，到饭馆儿吃饭结账的时候，等等。

Zài Zhōngguó, kāitōng wēixìn shì yǒu hěn duō biànlì de. Bǐrú shǐyòng dīdī huòzhě cáocāo dǎchē de shíhou, dào fànguǎnr chī fàn jiézhàng de shíhou, děngděng.

美珍: 谢了，你可是帮我大忙了！

Xiè le, nǐ kě shì bāng wǒ dà máng le!

小俊: 那你就试一下吧，如果不行的话，再来问我好了。

Nà nǐ jiù shì yíxià ba, rúguǒ bùxíng de huà, zài lái wèn wǒ hǎo le.

美珍: 好的，我先走了，下周课上见。

Hǎo de, wǒ xiān zǒu le, xiàzhōu kè shàng jiàn.

小俊: 下周见。

Xiàzhōu jiàn.

짚고 넘어가야 될 문법

■ ……是……，不过……。

앞 절의 상황을 인정하긴 하지만, 뒷 절에서는 앞 절과 반대되는 내용을 서술할 때 사용하는 문형이다.

(1) 他的女朋友好看是好看，不过太瘦了。
Tā de nǚpéngyou hǎokàn shì hǎokàn, búguò tài shòu le.

그의 여자 친구는 예쁘긴 한데, 너무 말랐어.

(2) 美国好是好，不过私人持枪感觉不太安全。
Měiguó hǎo shì hǎo, búguò sīrén chíqiāng gǎnjué bú tài ānquán.

미국이 좋긴 한데, 개인이 총을 소지할 수 있어서 그다지 안전하지 않은 것 같아.

■ 第一步是……，第二步是……，第三步是……。

'1단계는....이고, 2단계는 ...이고, 3단계는 ...이다'는 뜻이다. 단계별로 어떤 조작을 설명할 때 사용할 수 있는 문형이다.

(1) 去做美容第一步是清洁，第二步是护理，第三步是敷面膜。
Qù zuò měiróng dìyībù shì qīngjié, dì'èrbù shì hùlǐ, dìsānbù shì fū miànmó.

미용의 1단계는 청결, 2단계는 관리, 3단계는 팩을 붙이는 거야.

(2) 迈向成功第一步是诚实，第二步也是诚实，第三步还是诚实。
Màixiàng chénggōng dìyībù shì chéngshí, dì'èrbù yě shì chéngshí, dìsānbù hái shì chéngshí.

성공을 향한 1단계는 성실, 2단계도 성실, 3단계도 성실이야.

■ 填写

일정한 양식에 '기입하다', '입력하다', '써넣다'는 뜻을 가진 동사이다.

(1) 请先填写这张表格。
Qǐng xiān tiánxiě zhè zhāng biǎogé.

이 양식을 먼저 작성해주세요.

(2) 你填写的内容与事实不符。
Nǐ tiánxiě de nèiróng yǔ shìshí bùfú.

네가 기입한 내용이 사실과 다르네.

알고 나면 더 재미있는 중국

1. 위챗(微信, WeChat)

그림 10. 위챗의 로고

중국에서는 웨이신(微信)이라고 하지만, 보통 우리나라에서는 위챗(WeChat)이라고 부른다. 위챗은 텐센트[腾讯]회사가 2011년 1월 21일 출시한 모바일 인스턴트 메신저 서비스이다. 장샤오롱(张小龙)이 인솔하는 텐센트 광주(广州) 연구개발 센터의 상품팀에서 만들었다.

2016년 6월까지 위챗은 중국의 94%이상의 스마트폰에 사용되고 있다. 월별 액티브 유저가 8.06억에 이르고, 가입자도 200여 개의 국가를 넘어섰으며, 20여 종의 언어를 다루고 있다.

2. 텐센트(腾讯, Tencent)

그림 11. 텐센트 회사의 로고

텐센트 컴퓨터 시스템 유한회사는 1998년 11월에 마화텅(马化腾)을 위시한 5명의 창립자가 공동으로 창립하였다. 중국 최대의 인터넷 통합 서비스 제공업체의 하나이며, 중국에서 가장 서비스 이용자가 많은 인터넷 업체의 하나이다.

텐센트의 다각화된 서비스는 소셜, 통신 서비스 QQ, 위챗(WeChat), 소셜 네트워크 플랫폼 QQ 공간, 텐센트 게임 산하 QQ 게임 플랫폼, 포털 사이트 텐센트 네트워크, 텐센트 뉴스 클라이언트, 인터넷 비디오 서비스를 포함하고 있다.

제6과 새 단어

1	占地	[zhàndì]	동	토지를 점용하다.
2	面积	[miànjī]	명	면적.
3	宽阔	[kuānkuò]	형	(폭이) 넓다. 널찍하다.
4	迁	[qiān]	동	이전하다. 이사하다.
5	民航	[mínháng]	명	民用航空(민간 항공)의 약칭.
6	竟然	[jìngrán]	부	뜻밖에도. 의외로. 놀랍게도.
7	设立	[shèlì]	동	(기구·조직 등을) 설립하다. 건립하다.
8	闻名	[wénmíng]	동	명성을 듣다.
9	其	[qí]	대	그(의). 그들(의).
10	物美价廉	[wùměi jiàlián]		상품의 질이 좋고 값도 저렴하다.
11	昵称	[nìchēng]	명	애칭.
12	用餐	[yòngcān]	동	[경어] 시사를 하다. 밥을 먹다.
13	随心所欲	[suíxīnsuǒyù]		자기 뜻대로 하다. 하고 싶은 대로 하다.
14	点餐	[diǎncān]	동	주문하다. 요리를 시키다.
15	结账	[jiézhàng]	동	계산하다. 결산하다

이 문장은 꼭 익혀요!!

■ 中国大学的占地面积好像中国的领土一样那么宽阔。
Zhōngguó dàxué de zhàndì miànjī hǎoxiàng Zhōngguó de lǐngtǔ yíyàng nàme kuānkuò.

■ 同济大学以建筑方面的专业闻名全国吧。
Tóngjì dàxué yǐ jiànzhù fāngmiàn de zhuānyè wénmíng quánguó ba.

■ 大学食堂里的饭菜完全就是物美价廉嘛。
Dàxué shítáng li de fàncài wánquán jiù shì wùměi jiàlián ma.

제6과
학교 식당

미진: 여기가 동제대학이구나. 중국대학은 중국의 넓은 땅만큼 대학교의 부지도 진짜 넓은 것 같애.

소준: 그렇지. 민항으로 이전한 상해교통대학은 대학교 내에 버스정류장이 있을 정도로 넓으니까.

미진: 동제대학은 건축으로 유명한 곳이지?

소준: 맞아. 그리고 또 다른 것으로도 유명해.

미진: 뭔데?

소준: 상해의 화동사범대학, 상해교통대학, 동제대학, 복단대학은 각각의 특색과 애칭이 있어. 즉, 먹는 건 동제대, 사랑은 화사대, 사는 건 교통대, 노는 건 복단대라고 불러.

미진: 뭐야? 그럼 동제대의 음식이 상해에 있는 대학교에서 가장 맛있다는 뜻이야?

소준: 값이 싸면서도 질적으로 우수하다는 말이야. 도착한 김에 학교식당에 가서 밥부터 먹자.

(학교식당)

미진: 대학교도 크고, 식당도 크고. 하~~ 중국은 다 큰 것 같애. 그럼, 우선 한국인이 좋아하는 음식부터 먹어볼까?

소준: 학생카드를 사용하면, 더 싸게 먹을 수 있어. 우선 돈을 충전시키자.

미진: 응? 학생카드가 있어?

소준: 동제대학교에서는 편하게 식사하기 위해, 학생카드에 돈을 충전시킬 수 있어. 돈을 충전시키고 나서, 원하는 음식을 마음대로 주문하고 결재하면 돼.

미진: 여기 음식은 진짜 싸고 맛있구나.

第六课
学校食堂

美珍: 这儿就是同济大学的食堂啊！中国大学的占地面积好像中国的领土一样那么宽阔。

Zhèr jiù shì Tóngjì dàxué de shítáng a! Zhōngguó dàxué de zhàndì miànjī hǎoxiàng Zhōngguó de lǐngtǔ yíyàng nàme kuānkuò.

小俊: 那倒是！听说上海交通大学闵行新校区，校内竟然宽阔到设立了公共汽车站。

Nà dàoshì! Tīngshuō Shànghǎi Jiāotōng dàxué mǐnháng xīn xiào qū, xiào nèi jìngrán kuānkuò dào shèlì le gōnggòng qìchēzhàn.

美珍: 同济大学以建筑方面的专业闻名全国吧。

Tóngjì dàxué yǐ jiànzhù fāngmiàn de zhuānyè wénmíng quánguó ba.

小俊: 对对。还有其他的也很有名。

Duì duì. Háiyǒu qítā de yě hěn yǒumíng.

美珍: 你说吧。

Nǐ shuō ba.

小俊: 上海的华东师范大学、上海交通大学、同济大学、复旦大学都各有其特色和昵称。吃在同济、爱在华师、住在交大、玩在复旦。

Shànghǎi de Huádōng shīfàn dàxué, Shànghǎi Jiāotōng dàxué, Tóngjì dàxué, Fùdàn dàxué dōu gè yǒu qí tèsè hé nìchēng. Chī zài Tóngjì, ài zài Huáshī, zhù zài Jiāodà, wán zài Fùdàn.

美珍: 那就是说在上海的大学中同济大学的饭菜是最好吃的吗？

Nà jiù shì shuō zài Shànghǎi de dàxué zhōng Tóngjì dàxué de fàncài shì zuì hǎochī de ma?

小俊: 是的，大学食堂里的饭菜完全就是物美价廉嘛。既然到了这里，我们就先去学校食堂吃饭吧。

Shì de, dàxué shítáng li de fàncài wánquán jiù shì wùměi jiàlián ma. Jìrán dào le zhèli, wǒmen jiù xiān qù xuéxiào shítáng chī fàn ba.

(学校食堂)

美珍: 哇！学校又大，食堂也大。那么，咱们先尝尝韩国人喜欢的中国菜，怎么样？

Wā! Xuéxiào yòu dà, shítáng yě dà. Nàme, zánmen xiān chángcháng hánguórén xǐhuan de zhōngguócài, zěnmeyàng?

小俊: 使用学生卡买的话，价格就更便宜了。咱们先去充值吧。

Shǐyòng xuésheng kǎ mǎi de huà, jiàgé jiù gèng piányi le. Zánmen xiān qù chōngzhí ba.

美珍: 嗯？还有学生卡？

Éng? Hái yǒu xuésheng kǎ?

小俊: 同济大学为了方便用餐，学生卡里是可以充钱的，在充钱以后，就可以随心所欲地点餐与结账了。

Tóngjì dàxué wèile fāngbiàn yòngcān, xuésheng kǎ lǐ shì kěyǐ chōng qián de, zài chōng qián yǐhòu, jiù kěyǐ suíxīnsuǒyù de diǎncān yǔ jiézhàng le.

美珍: 这儿的饭菜真是又便宜又好吃啊！

Zhèr de fàncài zhēnshì yòu piányi yòu hǎochī a!

짚고 넘어가야 될 문법

■ 好像……一样

'好像'은 동사로, '마치 ~와 같다'는 뜻이다. 주로 뒤에 '一样', '一般', '似的'와 호응을 이룬다.

(1) 这对双胞胎长得好像洋娃娃一样。
Zhè duì shuāngbāotāi zhǎng de hǎoxiàng yángwáwa yíyàng.

이 쌍둥이들은 외국 인형같이 생겼어.

(2) 他说汉语好像中国人一样流利。
Tā shuō hànyǔ hǎoxiàng zhōngguórén yíyàng liúlì.

그는 중국어를 중국인같이 유창하게 말해.

■ 那倒是

상대방의 말을 긍정할 때 사용하며, '그건 그래', '그래'라는 의미이다.

(1) 那倒是，可我害怕跟经理谈话。面对他，我总是手足无措。
Nà dàoshì, kě wǒ hàipà gēn jīnglǐ tánhuà. Miànduì tā, wǒ zǒngshì shǒuzúwúcuò.

그건 그래. 그렇지만 난 사장님과 대화하는 게 무서워. 그를 마주하고 있으면 나는 늘 어찌할 바를 모르겠어.

(2) 那倒是！你说的有道理。
Nà dàoshì! Nǐ shuō de yǒu dàoli.

그러네. 네 말에 일리가 있군.

■ 既然

'既然'은 접속사로, 전제를 먼저 제시하고 나중에 추론한다는 것을 나타낸다. 주로 '就', '也', '还' 등과 호응을 이룬다.

(1) 既然决定了，那么就开始着手干吧。
Jìrán juédìng le, nàme jiù kāishǐ zhuóshǒu gàn ba.

이왕 결정한 거니까, 시작합시다.

(2) 你既然一定要去，那我就陪你一起去好了。
Nǐ jìrán yídìng yào qù, nà wǒ jiù péi nǐ yìqǐ qù hǎo le.

네가 기왕에 꼭 가야 한다면 내가 너와 함께 가는 게 좋겠어.

알고 나면 더 재미있는 중국

1. 동제대학(同济大学)

그림 12. 동제대학의 홈페이지

그림 13. 동제대학 입구에 있는 전자판
(동제대학은 당신을 환영합니다.)

그림 14. 동제대학 안에 있는 한 학생식당의 다양한 메뉴

그림 15. 10호선에 있는 동제대역

NOTE

제7과 새 단어

1	笑	[xiào]	동	웃다. 웃음을 짓다.
2	流行	[liúxíng]	동	유행하다. 널리 퍼지다.
3	说法	[shuōfa]	명	의견. 견해.
4	单身	[dānshēn]	명	독신. 솔로(solo). 싱글(single).
5	女性	[nǚxìng]	명	여성. 여자.
6	男性	[nánxìng]	명	남자. 남성.
7	合	[hé]	동	합치다. 모으다.
8	放弃	[fàngqì]	동	(권리나 주장·의견 등을) 버리다. 포기하다.
9	一对(儿)	[yíduì(r)]	명	한 쌍.
10	认知	[rènzhī]	명, 동	인지(하다). 이해(하다). 인식(하다).
11	外来语	[wàiláiyǔ]	명	외래어.
12	中国通	[zhōngguótōng]	명	중국통. 중국 전문가.
13	生意	[shēngyi]	명	장사, 사업, 거래,
14	城市	[chéngshì]	명	도시.
15	深厚	[shēnhòu]	형	(감정이) 깊다. 두텁다.
16	感情	[gǎnqíng]	명	감정.

이 문장은 꼭 익혀요!!

■ 中国有个流行说法，把单身女性称为“明明”。
Zhōngguó yǒu ge liúxíng shuōfǎ, bǎ dānshēn nǚxìng chēngwéi míngmíng.

■ 可能是每个国家有不同的文化认知吧。
Kěnéng shì měi ge guójiā yǒu bù tóng de wénhuà rènzhī ba.

■ 我倒是想做一个中国通呢。
Wǒ dàoshi xiǎng zuò yí ge zhōngguótōng ne.

제7과
친구 사귀기

미진: 이번에 중국 친구를 사귀게 되었는데, 밍밍이라는 친구야.

소준: 밍밍이라고? 하하하하~ 이름 좋네.

미진: 왜 그렇게 웃는 거야?

소준: 중국어의 유행어 중에 여자솔로를 밍밍이라고 부르거든.

미진: 그럼, 남자싱글은 뭐라고 부르는 거야?

소준: 뭐일 것 같아? 맞춰봐.

미진: 전혀 모르겠어. 빨리 말해줘.

소준: 광광이야. 남자싱글과 여자싱글을 합치면 광명이 되지.

미진: 그럼, 왜 광명을 놔두고 커플이 되려는 거지?

소준: 그건 나라마다 문화적 인식이 다른데서 기인하는 것 같애.

미진: 우리는 솔로, 싱글, 커플 이런 호칭만 쓰잖아. 그러고 보면, 전부 외래어야. 그치? 아, 하나 더 있구나. 모쏠!

(잠시후)

미진: 밍밍. 여긴 내 친구 소준이야. 소준, 여긴 밍밍이야.

밍밍: 안녕. 만나서 반가워.

소준: 나도 널 알게 돼서, 매우 기뻐.

밍밍: 미진이 너더러 중국통이라고 하던데.

소준: 중국통이 되고 싶은 거지, 아직은 중국통이라고 말할 게 못돼. 네가 앞으로 많이 도와줘.

밍밍: 상해는 처음이야?

미진: 나는 처음이고, 소준이는 그 전에 와 본 적이 있어.

소준: 졸업을 하고 나서, 상해에서 사업을 하고 싶어. 내가 처음 중국에 왔을 때 상해에서 유학을 했기 때문에, 이 도시에 대한 감정이 매우 깊어.

第七课
交中国朋友

美珍: 这次我交了一个中国朋友，名字叫“明明”。

Zhècì wǒ jiāo le yí ge zhōngguó péngyou, míngzi jiào míngmíng.

小俊: 名字叫“明明”？哈哈哈~ 名字真好啊!

Míngzi jiào míngmíng? Hāhāhā~ míngzi zhēn hǎo a!

美珍: 为什么笑成这样啊?

Wèishénme xiàochéng zhèyàng a?

小俊: 中国有个流行说法，把单身女性称为“明明”。

Zhōngguó yǒu ge liúxíng shuōfǎ, bǎ dānshēn nǚxìng chēngwéi míngmíng.

美珍: 那单身男性叫什么呢？

Nà dānshēn nánxìng jiào shénme ne?

小俊: 你猜猜啊，可能会是什么呢？

Nǐ cāicāi a, kěnéng huì shì shénme ne?

美珍: 猜不到，你快告诉我吧。

Cāibudào, nǐ kuài gàosu wǒ ba.

小俊: 叫“光光”呀。单身男性与单身女性合在一起称为“光明”。

Jiào guāngguāng ya. Dānshēn nánxìng yǔ dānshēn nǚxìng hé zài yìqǐ chēngwéi guāngmíng.

美珍: 那人们为什么都放弃“光明”，而要成为“一对儿”呢？

Nà rénmen wèishénme dōu fàngqì guāngmíng, ér yào chéngwéi yíduìr ne?

小俊: 这个嘛，可能是每个国家有不同的文化认知吧。

.Zhè ge ma, kěnéng shì měi ge guójiā yǒu bùtóng de wénhuà rènzhī ba.

美珍: 韩国使用的“솔로(Solo)”，“싱글(Single)”，“커플(Couple)”等称呼都是外来语呢。是吧？啊！还有一个，“모쏠”！

Hánguó shǐyòng de 솔로(Solo), 싱글(Single), 커플(Couple) děng chēnghu dōu shì wàiláiyǔ ne. shì ba? a! hái yǒu yí ge, 모쏠!

(过了一会儿)

美珍: 明明，这是我朋友小俊。小俊，这是明明。

Míngmíng, zhè shì wǒ péngyou xiǎojùn. Xiǎojùn, zhè shì míngmíng.

明明: 你好！认识你很高兴。

Nǐ hǎo! Rènshi nǐ hěn gāoxìng.

小俊: 认识你我也很高兴。

Rènshi nǐ wǒ yě hěn gāoxìng.

明明: 美珍说你是一个中国通。

Měizhēn shuō nǐ shì yí ge zhōngguótōng.

小俊: 我倒是想做一个中国通呢，现在还差得远呢。以后还需要你的帮助呢。

Wǒ dàoshì xiǎng zuò yí ge zhōngguótōng ne, xiànzài hái chà de yuǎn ne. Yǐhòu hái xūyào nǐ de bāngzhù ne.

明明: 上海是第一次来吗？

Shànghǎi shì dìyīcì lái ma?

美珍: 我是第一次，小俊以前来过。

Wǒ shì dìyīcì, xiǎojùn yǐqián lái guo.

小俊: 我打算毕业以后在上海做生意。因为我第一次来中国的时候，是在上海留学的，所以我对这个城市有深厚的感情。

Wǒ dǎsuan bìyè yǐhòu zài Shànghǎi zuò shēngyì. Yīnwèi wǒ dìyīcì lái Zhōngguó de shíhou, shì zài Shànghǎi liúxué de, suǒyǐ wǒ duì zhè ge chéngshì yǒu shēnhòu de gǎnqíng.

짚고 넘어가야 될 문법

■ 成

'成'은 동사로, '(~으로) 되다. 변하다'는 뜻이다. 다른 동사의 뒤에 위치하여 결과보어로 사용되기도 한다.

(1) 我把他看成别人了。
Wǒ bǎ tā kàn chéng biérén le.
나는 그를 다른 사람으로 봤어.

(2) 原本要做的鱼香肉丝做成京酱肉丝了。
Yuánběn yào zuò de yúxiāngròusī zuò chéng jīngjiàngròusī le.
원래 만들려고 했던 위샹러우쓰를 징쟝러우쓰로 만들었어.

■ 把

개사로, 목적어를 동사의 앞에 도치시켜서 '처치'를 나타낸다.

(1) 快把作业写完!
Kuài bǎ zuòyè xiě wán!
빨리 숙제를 끝내!

(2) 你是不是把碗打破了?
Nǐ shìbushì bǎ wǎn dǎpò le?
네가 그릇을 깬 거니?

■ 还……呢

기대에 못 미치는 일이나 대상에 대해 불만을 표시한다.

(1) 我的汉语还差得远呢。

Wǒ de hànyǔ hái chà de yuǎn ne.

나의 중국어는 아직 멀었어요.

(2) 你还去过十年上海呢，连上海方言都不会说。

Nǐ hái qùguo shí nián Shànghǎi ne, lián Shànghǎi fāngyán dōu bú huì shuō.

너는 상해를 10년 동안 갔다면서, 상해 방언조차도 말할 줄 몰라.

알고 나면 더 재미있는 중국

솔로를 지칭하는 중국의 유행어

1) 光光 [guāngguang] : 남자솔로

'光光'은 '빛'이라는 뜻을 나타내는 '光'이 중첩된 형태로, 문어적인 표현으로 '번쩍번쩍하다'는 의미 외에, '남김 없는 모양'이나 '발가벗은 모양'을 나타낸다. 현재의 중국 젊은이들은 이를 활용하여, 남자 솔로를 지칭하는 단어로 사용하고 있다.

상술한 설명을 통해, '光光'은 '빛'과 '아무것도 없다'는 의미가 공존하고 있고, 이는 현재 중국인들이 남자솔로를 바라보는 이중적인 잣대라는 것을 알 수 있다.

2) 明明 [míngming] : 여자솔로

'明明'은 '밝다'는 뜻을 나타내는 '明'이 중첩된 형태로, 현대 중국어의 사전적 의미항을 가지고 말해보면 4가지 의미를 함유하고 있다.

① 분명히, 명백히
② [문어] 명찰하다
③ [문어] 덕망 있는 사람을 등용하다
④ [문어] 부지런하다

상술한 의미항을 보면, 나쁜 의미를 가지는 것이 하나도 없다. 이와 같이 좋은 의미만을 가지고 있는 '明明'이 여자솔로를 지칭하는 것은 아이러니한 일이다.
아래에 계속해서 솔로와 관련된 신조어를 살펴보면, 단어 안에 내포된 중의적인 표현을 알 수 있다.

3) 脱光 [tuōguāng] : 솔로 탈출에 성공한 남자

현대 중국어에서 '脱光'의 사전적 의미는 '벌거벗다', '홀랑 벗다'이다. 그러나 한자어의 의미를 살펴보면, '빛에서 벗어나다'는 뜻이기에, 결코 좋은 의미라고 할 수가 없다. 솔로 탈출에 성공한 남자라면 당연히 기뻐할 일이고, 즐거워해야 할 일인데, 이를 두고 '빛에서 벗어나 암흑으로 가다'는 뉘앙스를 풍기는 '脱光'이라는 단어를 사용하였다는 건 현대 중국 젊은이들의 사고방식을 엿볼 수 있는 부분이다.

4) 失明 [shīmíng] : 솔로 탈출에 성공한 여자

'失明'은 다 알다시피, '실명하다', '눈이 멀다'는 뜻을 가진 단어이다. '脱光'과 똑같이 반전 의미를 담고 있다.

5) 光复 [guāngfù] : 다시 솔로가 된 상태

'光复'의 의미는 '나라를 다시 찾다', '광복하다'이다. '脱光', '失明'과 똑같이 반전 의미를 담고 있는데, 커플의 애환을 담은 단어가 아닌가 생각된다.

제8과 새 단어

1	当下	[dāngxià]	부	바로. 곧. 바로 그 때.
2	年轻人	[niánqīngrén]	명	젊은 사람. 젊은이.
3	支付宝	[zhīfùbǎo]	명	중국 모바일 전자 결제 앱.
4	付款	[fùkuǎn]	동	돈을 지불하다.
5	方式	[fāngshì]	명	방식. 방법.
6	客户端	[kèhùduān]	명	클라이언트.
7	点击	[diǎnjī]	동	클릭하다.
8	绑定	[bǎngdìng]	동	결합시키다.
9	页面	[yèmiàn]	명	페이지 레이아웃(page layout). 모니터의 화면.
10	按钮	[ànniǔ]	명	버튼. 스위치.
11	框	[kuàng]	명	테. 틀. 프레임.
12	显示	[xiǎnshì]	동	현시하다. 뚜렷하게 나타내 보이다.
13	设置	[shèzhì]	동	설치하다. 장치하다.
14	项	[xiàng]	양	항. 조목. 조항.
15	功能	[gōngnéng]	명	기능. 작용. 효능.
16	主页	[zhǔyè]	명	메인 홈페이지. 홈페이지의 첫 화면.

이 문장은 꼭 익혀요!!

■ 中国很多地方用不了信用卡，而且使用现金支付又不是十分安全。
Zhōngguó hěn duō dìfang yòngbuliǎo xìnyòngkǎ, érqiě shǐyòng xiànjīn zhīfù yòu bú shì shífēn ānquán.

■ 还记得上次我教给你的下载微信的使用方法吗?
Hái jìde shàngcì wǒ jiāo gěi nǐ de xiàzài wēixìn de shǐyòng fāngfǎ ma?

■ “支付宝”的登录方式可比“微信”复杂得多啊！
Zhīfù bǎo de dēnglù fāngshì kě bǐ wēixìn fùzá de duō a!

제8과

통장 만들기 및 위챗 페이 사용하기

밍밍: 요즘 중국인들, 특히 젊은 층은 현금보다는 알리페이 결제 방식을 선호하는 경향이 있어. 중국에 오는 외국인 여행객들은 중국에서는 신용카드를 쓰지 못하는 곳이 많고 게다가 현금을 쓰는 것이 안전하지 않다고 생각하고 있어.

미진: 그렇게 불안전해? 그럼 어떻게 해야 돼?

밍밍: 은행에 가서 계좌를 하나 개설하고 알리페이를 다운받으면 돼. 저번에 내가 너에게 가르쳐준 위챗을 다운로드하는 방법을 기억해?

미진: 기억하지. 첫 번째 단계는 위챗 앱을 다운로드해서 설치한 다음, 제시된 대로 계정을 만들고 휴대폰 번호를 적고는, 마지막으로 받은 인증번호를 적으면 되잖아.

밍밍: 맞아. 알리페이의 로그인 방식은 위챗과 비슷해. 그렇지만 다른 점도 있어.

미진: 그럼 네가 나에게 말해줘. 내가 지금 조작할게.

밍밍: 1단계, 알리페이 사용자를 다운로드하여 설치. 2단계, 모바일 홈페이지에서 알리페이 사용자를 클릭해서 로그인. 3단계, 이미 알리페이와 연결된 휴대폰 번호를 입력하고 '다음'을 클릭. 4단계, '휴대폰 번호 인증' 페이지에서 '메시지로 신분 확인' 버튼을 찾아 클릭. 5단계, 메시지에서 받은 인증 번호를 입력하고 '다음' 버튼을 클릭해서 로그인. 6단계, '로그인

비밀번호'를 입력하여 알리페이 등록을 완료. 7단계, 표시화면에서 자신의 패턴 암호를 설정. 마지막으로 알리페이 홈페이지에 들어가면 각각의 기능들을 사용할 수 있어.

미진: 알리페이 로그인 방식이 위챗보다 훨씬 복잡하네!

밍밍: 매우 복잡하게 들리지만, 실제로 조작해보면 그렇게 어려운 일이 아냐.

第八课
银行开户与支付宝的使用

明明: 当下的中国人，特别是年轻人，倾向于使用支付宝的付款方式，而不是现金。来中国的外国游客都知道，中国很多地方用不了信用卡，而且使用现金支付又不是十分安全。

Dāngxià de zhōngguórén, tèbié shì niánqīngrén, qīngxiàng yú shǐyòng zhīfù bǎo de fùkuǎn fāngshì, ér bú shì xiànjīn. Lái Zhōngguó de wàiguó yóukè dōu zhīdào Zhōngguó hěn duō dìfang yòngbuliǎo xìnyòngkǎ, érqiě shǐyòng xiànjīn zhīfù yòu bú shì shífēn ānquán.

美珍: 那么不安全啊！这可怎么办呢？

Nàme bù ānquán a! zhè kě zěnme bàn ne?

明明: 到银行开一个账户，然后下载支付宝就可以了。还记得上次我教给你的下载微信的方法吗?

Dào yínháng kāi yí ge zhànghù, ránhòu xiàzài zhīfù bǎo jiù kěyǐ le. Hái jìde shàngcì wǒ jiāo gěi nǐ de xiàzài wēixìn de fāngfǎ ma?

美珍: 记得，记得。第一步是需要先下载安装微信应用软件，然后是要按照提示去创建账号并填写手机号码，最后填写已经收到的验证码就行了吧。

Jìde, jìde. Dìyībù shì xūyào xiān xiàzài ānzhuāng wēixìn yìngyòng ruǎnjiàn, ránhòu shì yào ànzhào tíshì qù chuàngjiàn zhànghào bìng tiánxiě shǒujī hàomǎ, zuìhòu tiánxiě yǐjīng shōudào de yànzhèng mǎ jiù xíng le ba.

明明: 对对，支付宝的登录方式与微信差不多，不过也有些不同。

Duì duì, zhīfù bǎo de dēnglù fāngshì yǔ wēixìn chàbuduō, búguò yě yǒuxiē bùtóng.

美珍: 那你告诉我吧，我现在就开始操作。

Nà nǐ gàosu wǒ ba, wǒ xiànzài jiù kāishǐ cāozuò.

明明: 第一步，下载并安装支付宝客户端；第二步，在手机主页找到支付宝客户端并点击进入；第三步，填写已经绑定支付宝的手机号码，并点击"下一步"按钮；第四步，在"验证手机号"页面中找到"通过短信验证身份"这个按钮点击进入；第五步，将短信中收到的验证码填入框中，并点击 "下一步"按钮进行登录；第六步，输入"登录密码"来完成支付宝的登录。第七步，在显示的页面中，设置好自己的手势密码。最后，进入支付宝主页，可以使用各项功能。

Dìyībù, xiàzài bìng ānzhuāng zhīfù bǎo kèhùduān; dì'èrbù, zài shǒujī zhǔyè zhǎodào zhīfù bǎo kèhùduān bìng diǎnjī jìnrù; dìsānbù, tiánxiě yǐjīng bǎngdìng zhīfù bǎo de shǒujī hàomǎ, bìng diǎnjī xiàyíbù ànniǔ; dìsìbù, zài yànzhèng shǒujī hào yèmiàn zhōng zhǎodào tōngguò duǎnxìn yànzhèng shēnfèn zhè ge ànniǔ diǎnjī jìnrù; dìwǔbù, jiāng duǎnxìn zhōng shōudào de yànzhèng mǎ tiánrù kuàng zhōng, bìng diǎnjī xiàyíbù ànniǔ jìnxíng dēnglù; dìliùbù shūrù dēnglù mìmǎ lái wánchéng zhīfù bǎo de dēnglù. Dìqībù, zài xiǎnshì de yèmiàn zhōng, shèzhì hǎo zìjǐ de shǒushì mìmǎ. Zuìhòu, jìnrù zhīfù bǎo zhǔyè, kěyǐ shǐyòng gè xiàng gōngnéng.

美珍: “支付宝”的登录方式可比“微信”复杂得多啊！

Zhīfù bǎo de dēnglù fāngshì kě bǐ wēixìn fùzá de duō a!

明明: 听起来很复杂，不过具体操作起来却不那么难。

Tīng qǐlái hěn fùzá, búguò jùtǐ cāozuò qǐlái què bú nàme nán.

짚고 넘어가야 될 문법

■ ……不了

동사나 형용사 뒤에 위치하여 동작을 완료시킬 수 없다는 의미를 나타낸다.

(1) 我实在太累了，已经动弹不了了。
Wǒ shízai tài lèi le, yǐjīng dòngtanbuliǎo le.

나는 정말 너무 피곤해서 이미 움직일 수 없어.

(2) 购物车里装不了这么多东西。
Gòuwù chē li zhuāngbuliǎo zhème duō dōngxi.

쇼핑 카트에 이렇게 많은 물건을 담을 수 없어.

■ 与……差不多

'差不多'는 '비슷하다'는 뜻을 가진 형용사이다.

(1) 他住的地方与贫民窟差不多。
Tā zhù de dìfang yǔ pínmínkū chàbuduō.

그가 사는 곳은 빈민굴과 비슷해.

(2) 首尔的天气与北京差不多。
Shǒu'ěr de tiānqì yǔ Běijīng chàbuduō.

서울의 날씨는 북경과 비슷해.

■ ……起来

동사나 형용사 뒤에 위치하여, 동작이나 상황이 시작되고 계속된다는 것을 나타낸다.

(1) 樱花闻起来有一种淡淡的清香。
Yīnghuā wén qǐlai yǒu yì zhǒng dàndàn de qīngxiāng.

벚꽃은 은은하고 향긋한 냄새가 난다.

(2) 为了让气氛活跃起来，他站起来唱了一首歌。
Wèile ràng qìfēn huóyuè qǐlai, tā zhàn qǐlai chàng le yì shǒu gē.

분위기를 띄우기 위해, 그가 일어서서 노래 한 곡을 불렀다.

알고 나면 더 재미있는 중국

1. 알리페이(支付宝，Alipay)

그림 16. 알리페이 로고

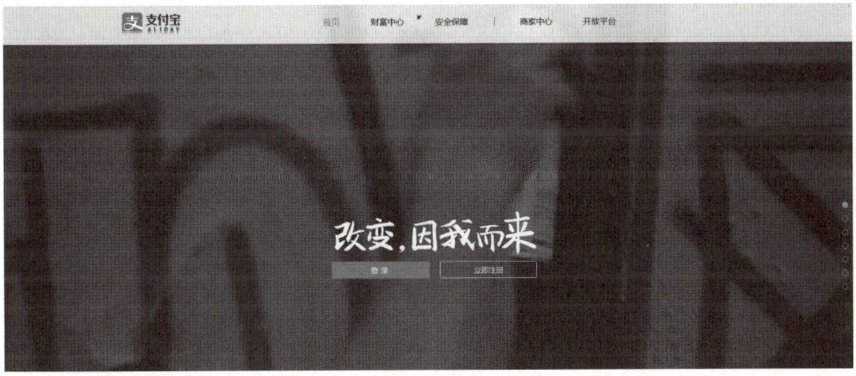

그림 17. 알리페이의 홈페이지

알리페이(중국) 네트워크 기술 유한회사는 중국의 제3자 결재 플랫폼으로서 ‘간단하고 안전하며 빠른’ 지불 솔루션을 제공하는 데 주력하고 있다. 알리페이는 2004년 설립 때부터 일관되게 ‘신뢰’를 제품과 서비스의 핵심으로 삼았다. ‘알리페이’와 ‘알리페이 지갑’이라는 두 개의 독립적인 브랜드가 있다. 2014년 2분기부터 시작해서 현재 세계 최대의 모바일 결제업체로 부상했다.

2. 알리바바(阿里巴巴集团)

그림 18. 알리바바 그룹 로고

알리바바 네트워크 기술 유한회사(약칭: 알리바바 그룹이나 알리바바)는 영어교사였던 마윈(马云)이 18인과 함께 1999년 절강성(浙江省) 항주시(杭州市)에서 창립한 회사를 말한다.

알리바바는 알리페이를 통해 스마트폰에서 송금과 결제가 가능하게 하여, 소비자가 쉽게 물품을 구입하도록 하였다. 현재, 전자상거래, 온라인 결제, B2B 서비스, 클라우드 컴퓨팅, 모바일 운영체제 등의 사업을 같이 운영하고 있다.

2019년 9월 1일, 제남(济南)에서 2019 중국 서비스업 기업 500대 순위를 발표하였는데, 알리바바는 24위에 랭크되었다. 2019년 10월에는 2019 포브스 글로벌 디지털 경제 100대 기업에서 10위에 랭크되었다.

제9과 새 단어

1	闹市区	[nàoshìqū]	명	번화가.
2	胜地	[shèngdì]	명	명승지.
3	线路	[xiànlù]	명	선로. 노선.
4	高峰	[gāofēng]	명	교통체증.
5	整天	[zhěngtiān]	명	(온)종일. 하루 종일.
6	堵车	[dǔchē]	동	교통이 꽉 막히다. 교통이 체증되다.
7	开通	[kāitōng]	동	개통하다.
8	环境	[huánjìng]	명	환경.
9	堪称	[kānchēng]	동	…라고 할 만하다.
10	富裕	[fùyù]	형	부유하다.
11	乘坐	[chéngzuò]	동	(차나 비행기 등을) 타다. 탑승하다.
12	随身物品	[suíshēn wùpǐn]	명	소지품.
13	接受	[jiēshòu]	동	받아들이다. 수락하다.
14	恐怖分子	[kǒngbù fènzǐ]	명	테러리스트.
15	犯罪行为	[fànzuì xíngwéi]	명	범죄행위.
16	措施	[cuòshī]	명	조치. 대책.

이 문장은 꼭 익혀요!!

■ 上海好像一整天都在堵车。
Shànghǎi hǎoxiàng yìzhěngtiān dōu zài dǔ chē.

■ 在当今社会，地铁环境好的国家堪称富裕的国家。
Zài dāngjīn shèhuì, dìtiě huánjìng hǎo de guójiā kānchēng fùyù de guójiā.

■ 那是为了防止恐怖分子与犯罪行为才采取的措施。
Nà shì wèile fángzhǐ kǒngbù fènzǐ yǔ fànzuì xíngwéi cái cǎiqǔ de cuòshī.

제9과
상해 지하철

미진: 우리 오늘 상해의 번화가와 유명관광지를 보러 간다고 했잖아. 뭘 타고 갈 거야?

밍밍: 여기 지하철 노선이 굉장히 발달되어 있어서, 지하철을 타고 가는 게 좋아. 택시나 버스를 타게 되면, 차가 막힐거야. 특히 출퇴근 시간이 훨씬 심각해. 이런 현상을 간단히 교통체증시간이라고 부르는데, 지금 상해는 하루 종일 차가 막히는 것 같아.

미진: 상해지하철은 언제 만들어진 거야?

밍밍: 1993년 5월에 처음 개통되고 나서, 2018년 12월까지 16개의 노선을 운영중이야. 2023년까지 23개의 노선이 만들어질거고, 전체 길이가 1,154km가 될 거래.

미진: 그렇게 많아?

밍밍: 한국의 지하철은 어때?

미진: 한국은 서울이 시내노선 9개, 시외노선 13개로 모두 22개의 노선이 있고, 부산은 시내노선 4개와 시외노선 2개로 모두 6개의 노선이 있어.

밍밍: 요즘엔 지하철 환경이 좋은 나라가 잘 사는 나라라고 할 수 있어. 나는 관광객들이 안심하고 지하철을 타는 나라 중에 한국과 중국이 있다고 들었어.

미진: 응. 그런데 중국과 한국의 차이점은 한국에서는 지하철을 탈 때 짐 검사를 하지 않아. 중국은 탈 때마다 짐 검사를 하니까 조금 귀찮아.

밍밍: 그건 테러방지와 범죄예방을 위해 채택한 조치야.

(지하철 역)

미진: 우리는 우쟈오창(五角场)에 가려고 하는 거지?

밍밍: 맞아. 동제대학역이 10호선에 있잖아. 우쟈오창도 10호선에 있어. 노선안내도를 보면 알 수 있듯이, 동제대학역과 2정거장 밖에 차이가 안 나. 그래서 3위안만 내면 돼.

미진: 지하철 가격은 다 똑같은 거야? 한국에서는 성인 기준으로 출발역에서 10km까지는 1,300원이고 그 이상을 초과하면 200원을 더 부과하게 되어 있어.

밍밍: 중국은 0~6km는 3위안, 6km 이후로는 10km마다 1위안이 더 부과돼.

第九课
上海的地铁

美珍: 咱们今天不是要去上海的闹市区与著名的旅游胜地嘛？那我们坐什么去呢？

Zánmen jīntiān bú shì yào qù Shànghǎi de nàoshìqū yǔ zhùmíng de lǚyóu shèngdì ma? Nà zánmen zuò shénme qù ne?

明明: 这儿的地铁线路相当发达，还是坐地铁去比较方便。打车或者坐公交的话，路上会非常堵。尤其上下班的时候更严重，这种现象简称为高峰期，可是现在在上海好像一整天都在堵车。

Zhèr de dìtiě xiànlù xiāngdāng fādá, háishì zuò dìtiě qù bǐjiào fāngbiàn. Dǎ chē huòzhě zuò gōngjiāo de huà, lùshang huì fēicháng dǔ. Yóuqí shàngxiàbān de shíhou gèng yánzhòng, zhè zhǒng xiànxiàng jiǎnchēng wéi gāofēngqī, kěshì xiànzài zài Shànghǎi hǎoxiàng yìzhěngtiān dōu zài dǔ chē.

美珍: 上海地铁是什么时候建成的？

Shànghǎi dìtiě shì shénme shíhou jiànchéng de?

明明: 自1993年5月首次开通以来，截至2018年12月，上海地铁运营线路共16条。到2023年，上海地铁将会建成23条线路，全长1,154千米。

Zì yījiǔjiǔsān nián wǔ yuè shǒucì kāitōng yǐlái, jiézhì èrlíngyībā nián shí'èr yuè, Shànghǎi dìtiě yùnyíng xiànlù gòng shíliù tiáo. Dào èrlíngèrsān nián, Shànghǎi dìtiě jiāng huì jiànchéng èrshísān tiáo xiànlù, quáncháng yìqiān yìbǎi wǔshí sì qiānmǐ.

美珍: 这么多啊?

Zhème duō a?

明明: 韩国的地铁呢?

Hánguó de dìtiě ne?

美珍: 在韩国，首尔有9条市内地铁线路，13条市外地铁线路，加起来总共22条地铁线路。釜山有4条市内地铁线路，2条市外地铁线路，加起来总共6条地铁线路。

Zài hánguó, Shǒu'ěr yǒu jiǔ tiáo shìnèi dìtiě xiànlù, shísān tiáo shìwài dìtiě xiànlù, jiā qǐlai zǒnggòng èrshí'èr tiáo dìtiě xiànlù. Fǔshān yǒu sì tiáo shìnèi dìtiě xiànlù, liǎng tiáo shìwài dìtiě xiànlù, jiā qǐlai zǒnggòng liù tiáo dìtiě xiànlù.

明明: 在当今社会，地铁环境好的国家堪称富裕的国家。我听说能够让游客放心乘坐地铁的国家有韩国跟中国两个国家。

Zài dāngjīn shèhuì, dìtiě huánjìng hǎo de guójiā kānchēng fùyù de guójiā. Wǒ tīngshuō nénggòu ràng yóukè fàngxīn chéngzuò dìtiě de guójiā yǒu Hánguó gēn Zhōngguó liǎng ge guójiā.

美珍: 嗯。不过中国与韩国的区别是韩国地铁站不需要检查随身物品。在中国每次坐地铁的时候都要接受检查，有点儿麻烦。

Èng. Búguò Zhōngguó yǔ Hánguó de qūbié shì Hánguó Dìtiězhàn bù xūyào jiǎnchá suíshēn wùpǐn. Zài Zhōngguó měicì zuò dìtiě de shíhou dōu yào jiēshòu jiǎnchá, yǒudiǎnr máfan.

明明: 那是为了防止恐怖分子与犯罪行为才采取的措施。

Nà shì wèile fángzhǐ kǒngbù fènzǐ yǔ fànzuì xíngwéi cái cǎiqǔ de cuòshī.

(地铁站)

美珍: 咱们要去五角场，对吧?

Zánmen yào qù wǔjiǎochǎng, duì ba?

明明: 对，同济大学站是在10号线，五角场也同样在10号线。你看路线图就能知道，与同济大学站只有两站的差距，所以花三块钱就行了。

Duì, Tóngjì dàxué zhàn shì zài shí hào xiàn, wǔjiǎochǎng yě tóngyàng zài shí hào xiàn. Nǐ kàn lùxiàn tú jiù néng zhīdào, yǔ Tóngjì dàxué zhàn zhǐ yǒu liǎng zhàn de chājù, suǒyǐ huā sān kuài qián jiù xíng le.

美珍: 地铁的价格都是一样的吗？在韩国，从出发到十公里以成人标准为1,300韩币，超过十公里的话再加200韩币就可以了。

Dìtiě de jiàgé dōu shì yíyàng de ma? Zài Hánguó, cóng chūfā dào shí gōnglǐ yǐ chéngrén biāozhǔn wéi yìqiān sānbǎi hánbì, chāoguò shí gōnglǐ de huà zài jiā èrbǎi hánbì jiù kěyǐ le.

明明: 在中国，从0公里到6公里是3块钱，从6公里开始每10公里加1块钱。

Zài Zhōngguó, cóng líng gōnglǐ dào liù gōnglǐ shì sān kuài qián, cóng liù gōnglǐ kāishǐ měi shí gōnglǐ jiā yí kuài qián.

짚고 넘어가야 될 문법

■ 或者

접속사로, '혹은'이라는 뜻을 나타낸다. 선택할 수 있는 물건, 상황 또는 과정에서의 선택을 말한다.

(1) 不管酷暑**或者**严寒，他每天都坚持出去锻炼身体。
Bùguǎn kùshǔ huòzhě yánhán, tā měitiān dōu jiānchí chūqù duànliàn shēntǐ.

더위나 추위를 가리지 않고 그는 매일 나가서 운동을 해.

(2) 她喜欢吃甜的**或者**辣的食物。
Tā xǐhuan chī tián de huòzhě là de shíwù.

그녀는 단 음식이나 매운 음식을 좋아한다.

■ 是……的

강조용법으로, 이미 발생한 일과 관련된 시간, 장소, 방식을 강조할 때 사용한다. '是'의 뒤에 강조하고자 하는 부분을 둔다. 일반적으로 '的'는 문미에 위치한다.

(1) 你**是**什么时候来**的**?
Nǐ shì shénme shíhòu lái de?

너는 언제 왔니?

(2) 你**是**坐什么去上海**的**？
Nǐ shì zuò shénme qù Shànghǎi de?

너는 무엇을 타고 상해로 갔니?

■ 才

부사로, '~에야', '이제서야', '~ 되어서야'라는 뜻을 나타낸다.

(1) 你怎么现在才来上班?
Nǐ zěnme xiànzài cái lái shàngbān?

너 왜 이제야 출근하니?

(2) 如果得了重感冒，只有住院治疗才能痊愈。
Rúguǒ dé le zhòng gǎnmào, zhǐyǒu zhùyuàn zhìliáo cái néng quányù.

독감에 걸렸다면, 병원에 입원해서 치료를 받아야만 나을 수 있다.

알고 나면 더 재미있는 중국

1. 상해지하철(上海地铁)

지하철의 로고는 자모 S(Shanghai를 표시)와 자모 M(Metro를 표시)을 변형해서 만든 원형의 모양이다. 또한 원호의 모양은 지하철의 터널모양과 비슷하고, M은 터널 안에서 운행하는 두 개의 지하철과 같다.

그림 19. 상해지하철 로고

상해 지하철(Shanghai Metro)은 중국 상해시와 상해 대도시권에서 서비스하는 도시 철도 교통 시스템이다. 세계에서 세 번째로 선로가 긴 도시 철도 교통 시스템으로 국제 지하철 연맹(CoMET)에 속해있다. 그 첫 번째 노선인 상해 지하철 1호선은 1993년 5월 28일 정식으로 운영되어 상해를 중국에서 세 번째로 지하철을 개통한 도시로 만들었다.
상해 지하철은 2018년 12월까지, 16개 노선에 415개 역(자기부상 선로 2개 포함), 705km(자기부상 선로 29km 포함)의 구간을 운영하고 있다.

2. 요금 안내

1) 차표 가격

상해 지하철(상해 지하철 5호선 제외)은 출발 6km 이내 3위안, 출발 6km 이후 10km마다 1위안씩 요금을 매기고 있다. 그런데 상해 지하철 5호선은 타면 1위안 할인되는 다단계 요금 체계를 가지고 있다.

2) 우대 정책

현재 4가지 우대정책이 존재한다. 첫째가 무료승차이다. 장애군인, 상해경찰, 키가 1.3m이하의 어린이가 이에 해당된다. 둘째가 연결승차할인이다. 다른 성이나 직할시의 교통카드 외에 대중교통카드를 소지한 승객은 지하철에 들기 전 버스에서 POS기계로 카드를 체크한 시간이 120분 이내라면 가능한데, 1위안의 할인혜택을 받는다. 셋째가 적립혜택이다. 다른 성이나 직할시의 교통카드 외에, 당월 대중교통 카드로 지하철을 타게 되면, 70위안의 적립혜택을 받을 수 있다. 넷째가 환승혜택이다. 다른 성이나 직할시의 교통카드 외에 메트로폴리탄 2차원 코드나 대중교통카드를 소지한 승객은 상해 지하철의 일부 역에서 환승할 수 있다.

3. 차표 종류

모두 7가지가 존재한다. 편도표, 1일권(18위안)•3일권(45위안), 기념티켓(승차권 도안, 유효기간 내에 사용가능), 상해대중교통카드(버스나 지하철 등 교통수단), 상해 자기부상 지하철 원패스, 메트로폴리탄 2차원 코드, 기타(보험교통카드, 핸드폰 결재) 등이 있다.

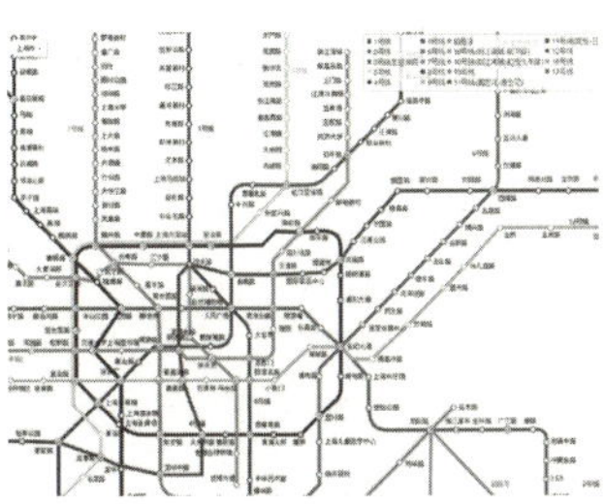

그림 20. 상해 지하철 노선도

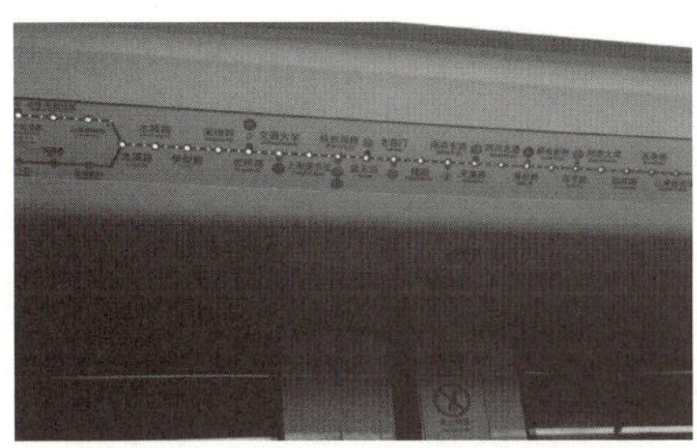

그림 21. 10호선 내부
상해 지하철 중 일부 노선은 하차 역을 램프로 알려줘서 매우 편리하다.

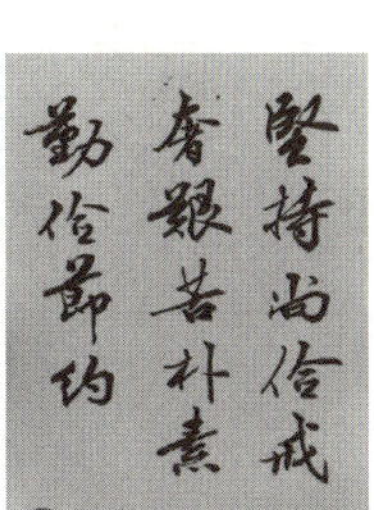

그림 22. 상해 지하철 편도표

그림 23. 상해 지하철 편도표

NOTE

제10과 새 단어

1	算是	[suànshì]	동	(…라고) 불릴 만하다. 할 만하다.
2	地标	[dìbiāo]	명	랜드마크(특정 지역을 식별하는 목표물).
3	太空舱	[tàikōngcāng]	명	우주선 캡슐.
4	广播	[guǎngbō]	동	방송하다.
5	旋转餐厅	[xuánzhuǎn cāntīng]	명	(고층 건물 꼭대기의) 회전 식당.
6	看点	[kàndiǎn]	명	볼 만한 것. 볼거리.
7	景点	[jǐngdiǎn]	명	명승지. 명소.
8	义气	[yìqi]	명	의기. 의리.
9	一段	[yíduàn]	명	문장이나 노래 따위의 한 단락.
10	背叛	[bèipàn]	동	배신하다.
11	东方明珠	[Dōngfāng míngzhū]	명	동방명주.

이 문장은 꼭 익혀요!!

■ 东方明珠被称为上海的地标。
Dōngfāng míngzhū bèi chēngwéi Shànghǎi de dìbiāo.

■ 从1995年开始被选定为上海的十大景点之一。
Cóng yījiǔjiǔwǔ nián kāishǐ bèi xuǎndìng wéi Shànghǎi de shí dà jǐngdiǎn zhī yī.

■ 人跟人是不同的。
Rén gēn rén shì bùtóng de.

제10과
푸동과 동방명주

미진: 상해에서 가장 유명한 장소가 어디라고 생각해?

밍밍: 나는 동방명주라고 생각해.

미진: 동방명주?

밍밍: 상해의 랜드마크라고 불리는 곳이야. 정식명칭은 동방명주방송탑(东方明珠广播电视塔)이지만, 보통 동방명주라고 불러. 푸동신구(浦东新区)에 위치해 있고, 높이가 468m에 달해.

미진: 그렇게나 높아?

밍밍: 응, 대개 87층 높이라고 보면 돼.

미진: 안에 들어가면 뭐가 있는데?

밍밍: 우주선 캡슐, 회전레스토랑, 상해역사발전진열관 등 볼거리가 풍부해. 1995년부터 상해의 10대 관광지 중의 하나로 선정되었어.

미진: 그럼 우리 같이 동방명주를 보러 가는 건 어때? 아! 너는 상해사람이니까 벌써 가봤겠구나.

밍밍: 그렇긴 한데, 널 위해 한 번 더 보러 갈게.

미진: 진짜? 과연 의리의 중국인이야.

밍밍: 의리의 중국인? 그게 무슨 뜻이야?

미진: 이전에 이런 글을 본 적이 있어. 중국사람들은 시간이 지나 서로를 잘 이해하게 되면 진짜 배신을 할 줄 모른다고 말야. 그 말 사실이야?

밍밍: 사람마다 다르지. 그런 사람도 있고 아닌 사람도 있어. 그치만 나는 의리의 중국인이야. 하하하!

第十课
浦东与东方明珠

美珍: 你觉得上海最有名的地方算是哪里呢？

Nǐ juéde Shànghǎi zuì yǒumíng de dìfang suànshì nǎli ne?

明明: 我个人觉得应该是东方明珠。

Wǒ gèrén juéde yīnggāi shì dōngfāng míngzhū.

美珍: 东方明珠？

Dōngfāng míngzhū?

明明: 东方明珠被称为上海的地标，正式名称为“东方明珠广播电视塔”，一般被称为东方明珠，位于浦东新区，高达468米。

Dōngfāng míngzhū bèi chēngwéi Shànghǎi de dìbiāo, zhèngshì míngchēng wéi dōngfāng míngzhū guǎngbō diànshìtǎ, yìbān bèi chēngwéi dōngfāng míngzhū, wèiyú pǔdōng xīnqū, gāodá sìbǎi liùshí bā mǐ.

美珍: 这么高啊？

Zhème gāo a?

明明: 嗯，大概是87层高。

Èng, dàgài shì bāshíqī céng gāo.

美珍: 进去里面后会有什么啊？

Jìnqù lǐmiàn hòu huì yǒu shénme a?

明明: 太空舱、旋转餐厅、上海历史发展展示馆等，有很多看点。从1995年开始被选定为上海的十大景点之一。

Tàikōng cāng, xuánzhuǎn cāntīng, Shànghǎi lìshǐ fāzhǎn zhǎnshìguǎn děng, yǒu hěn duō kàndiǎn. Cóng yījiǔjiǔwǔ nián kāishǐ bèi xuǎndìng wéi Shànghǎi de shí dà jǐngdiǎn zhī yī.

美珍: 那我们一起去东方明珠，怎么样？啊！你是上海人，一定已经去过了吧？

Nà wǒmen yìqǐ qù dōngfāngmíngzhū, zěnmeyàng? A! Nǐ shì shànghǎirén, yídìng yǐjīng qù guo le ba?

明明: 那倒是。不过为了你还是再去一趟吧。

Nà dàoshì. Búguò wèile nǐ háishì zài qù yí tàng ba.

美珍: 真的吗？果然是有义气的中国人。

Zhēnde ma? Guǒrán shì yǒu yìqì de zhōngguórén.

明明: 有义气的中国人？那是什么意思啊？

Yǒu yìqì de zhōngguórén? Nà shì shénme yìsi a?

美珍: 我以前看过这样的一段话。中国人经过一段时间的交往，一旦互相了解，就不会背叛对方，那是真的吗？

Wǒ yǐqián kàn guo zhèyàng de yíduàn huà. Zhōngguórén jīngguo yíduàn shíjiān de jiāowǎng, yídàn hùxiāng liǎojiě jiù bú huì bèipàn duìfāng, nà shì zhēnde ma?

明明: 人跟人是不同的，有这样的人，也有不是这样的人。不过我可是讲义气的中国人啊。哈哈哈！

Rén gēn rén shì bùtóng de, yǒu zhèyàng de rén, yě yǒu bú shì zhèyàng de rén. Búguò wǒ kě shì jiǎng yìqì de zhōngguórén a. Hāhāhā!

짚고 넘어가야 될 문법

■ 被

개사로, 주된 강연자가 동작의 대상임을 나타낸다. 또한 동사의 앞에 위치하여 피동을 나타낸다.

(1) 我已经被老师批评了几次。
Wǒ yǐjīng bèi lǎoshī pīpíng le jǐ cì.

나는 이미 선생님께 여러 번 꾸중을 들었다.

(2) 她被他夺走了她的财产。
Tā bèi tā duózǒu le tā de cáichǎn.

그녀는 그에게 그녀의 재산을 빼앗겼다.

■ 为了

개사로, '~을 위하여'라는 뜻을 가진다.

(1) 为了考上哈佛大学，他每天开夜车学习。
Wèile kǎoshàng Hāfó dàxué, tā měitiān kāi yèchē xuéxí.

서울대에 합격하기 위해, 그는 매일 밤샘하면서 공부한다.

(2) 为了一个完美的婚礼，他做出了精心的准备。
Wèile yí ge wánměi de hūnlǐ, tā zuòchū le jīngxīn de zhǔnbèi.

완벽한 결혼식을 위해, 그는 세심한 준비를 했다.

■ 一旦……就

앞 절은 조건을 나타내고, 뒷 절은 결과를 나타낸다.

(1) 电脑一旦染上病毒，就会立刻死机。
Diànnǎo yídàn rǎnshàng bìngdú, jiù huì lìkè sǐjī.

컴퓨터는 일단 바이러스에 감염되면 즉시 다운된다.

(2) 你今天一旦喝酒就不能开车。
Nǐ jīntiān yídàn hē jiǔ jiù bù néng kāi chē.

당신이 오늘 술을 마신다면 운전해서는 안돼요.

알고 나면 더 재미있는 중국

1. 동방명주(东方明珠)

그림 24. 푸동과 동방명수

동방명주(상하이 동방명주TV타워). 일반적으로 동방명주 방송탑을 말한다.

동방명주방송탑(The Oriental Pearl Radio & TV 타워)은 상해의 랜드마크의 하나로, 푸동신구(浦东新区) 루쟈주이(陆家嘴)에 있으며, 탑 높이는 약 468m이다. 1991년 7월 건립돼 1995년 5월 가동된 이 건물은 상해의 6개 무선TV 발사 업무를 담당하며 반경 80km를 관리하고 있다.

동방명주방송탑은 중국 최초의 AAAAA급 관광지이다. 탑 안에 우주선 캡슐, 회전식당, 상해도시역사발전 진열관 등의 시설은 1995년 상해 10대 신경관의 하나로 선정되었다.

2. 와이탄(外滩)

그림 25. 와이탄

와이탄은 상해시(上海市) 황포구(黄浦区)의 황포(黄浦) 강변에 위치해 있으며, 중국의 역사와 문화의 거리라고 말할 수 있다. 1844년부터 와이탄 일대가 영국의 조계지로 분류되면서, 와이탄은 외국인 거주지로의 실제 모습을 볼 수 있는 곳이 되었고, 또 옛 상해의 조계지와 상해의 근대도시로서의 시작점이 된 곳이다.

와이탄은 전체 길이가 1.5km로써, 남쪽의 연안동로(延安东路)에서 시작하여, 북쪽의 쑤저우(苏州) 강의 외백도교(外白渡桥)까지, 동쪽에는 황포강이고, 서쪽에는 옛 상해금융, 국제무역이 집중되어 있다. 스타일이 완전히 다른 과거의 부흥을 알려주는 빌딩 52채가 우뚝 서 있는 와이탄은 중국 근현대의 중요한 사적이면서 대표적인 건축물로써 상해의 랜드마크의 하나로 꼽힌다. 1996년 11월, 국무원은 와이탄을 제4차 전국 중점문화재 보호단위에 포함시켰다.

와이탄과 강을 사이에 두고 있는 푸동의 루쟈주이(陆家嘴)에는 상해를 상징하는 동방명주, 진마오(金茂)빌딩, 상해유니버설금융센터 등이 있어, 중국의 개혁개방의 상징이자 상해의 현대화 건설의 축소판을 형성하고 있다.

제11과 새 단어

1	油腻	[yóunì]	형	기름지다. 기름기가 많다.
2	瘦	[shòu]	형	마르다. 여위다.
3	倒是	[dàoshì]	부	오히려. [일반적인 상황과 상반됨을 나타냄]
4	火锅	[huǒguō]	명	샤브샤브.
5	食材	[shícái]	명	식재료.
6	沸腾	[fèiténg]	동	끓다. 끓이다.
7	煮	[zhǔ]	동	삶다. 익히다.
8	咕咚	[gūdōng]		쿵. 쾅. 꽝. [무거운 물체가 땅에 떨어지는 소리]
9	宋代	[sòngdài]	명	송대.
10	民间	[mínjiān]	명	민간.
11	广为	[guǎngwéi]	부	널리. 광범하게. 폭넓게.
12	流传	[liúchuán]	동	유전하다. 대대로 전해 내려오다.
13	战国	[zhànguó]	명	전국시대.
14	美味绝伦	[měiwèi juélún]		맛있기 그지없다.
15	名号	[mínghào]	명	명칭. 칭호.
16	海底捞	[hǎidǐlāo]	명	중국 훠궈(샤브샤브) 전문 레스토랑 체인점.

이 문장은 꼭 익혀요!!

■ 实在太油腻了。
Shízai tài yóunì le.

■ 不过我倒是没有不能吃的中国菜。
Búguò wǒ dàoshì méi yǒu bù néng chī de Zhōngguó cài.

■ 据我所知韩国人大多喜欢吃火锅。
Jù wǒ suǒ zhī hánguórén dàduō xǐhuan chī huǒguō.

제11과
맛있는 훠궈

미진: 나는 아직 중국음식이 적응이 잘 안돼. 기름이 너무 많아. 모두들 나 보고 살 빠졌대.

소준: 어떻게 해? 난 중국음식이라면 못 먹는 게 없는데?

미진: 정말 네가 부러워. 내 생각에 너는 세계 어디를 가더라도 잘 살거야.

밍밍: 내가 알기론 한국 사람들은 훠궈를 다 좋아한다고 들었어.

소준: 아, 맞다. 훠궈가 있었지. 그럼, 밍밍아, 미진을 위해 훠궈를 먹으러 가 볼까? 오늘은 내가 한 턱 낼게.

미진: 훠궈가 뭔데?

밍밍: 음식재료를 끓는 물에 넣어서 먹는 음식이야. 과거에는 '구동껑(古董羹)'이라고 불렀는데, 끓는 물에 넣을 때 '첨벙'이라는 소리가 나기 때문에 생긴 이름이야.

미진: 중국사람들은 언제부터 먹기 시작한 거야?

밍밍: 전국시기부터 있었던 음식이고, 송대에 이미 민간에까지 널리 퍼졌었어.

미진: 맛있어?

밍밍: 둘이 먹다가 하나 죽어도 모를 맛이야. 네가 먹었다면 분명 좋아했을 거야

소준: 상해에서는 어느 훠궈점이 유명해?

밍밍: 하이디라오(海底捞)

소준: 맞다. 나도 그 음식점 이름은 들어봤어. 학교에서 멀까?

밍밍: 매우 가까워. 우자오창(五角场)에 있는 걸. 우리 지금 바로 가자.

第十一课
好吃的火锅

美珍: 我还没习惯吃中国菜呢。实在太油腻了。大家都说我变瘦了。

Wǒ hái méi xíguàn chī zhōngguó cài ne. Shízai tài yóunì le. Dàjiā dōu shuō wǒ biàn shòu le.

小俊: 这可怎么办呢？不过我倒是没有不能吃的中国菜。

Zhè kě zěnme bàn ne? Búguò wǒ dàoshì méi yǒu bù néng chī de zhōngguó cài.

美珍: 真羡慕你！我觉得你不管去世界的哪个国家都会生活得很好。

Zhēn xiànmù nǐ! Wǒ juéde nǐ bùguǎn qù shìjiè de nǎ ge guójiā dōu huì shēnghuó de hěn hǎo.

明明: 据我所知韩国人大多喜欢吃火锅。

Jù wǒ suǒ zhī hánguórén dàduō xǐhuan chī huǒguō.

小俊: 对啊，还有火锅呢。那这样吧，明明，为了美珍，我们去吃火锅怎么样？今天我请客。

Duì a, hái yǒu huǒguō ne. Nà zhèyàng ba, míngmíng, wèile měizhēn, wǒmen qù chī huǒguō zěnmeyàng? Jīntiān wǒ qǐngkè.

美珍: 火锅是什么？

Huǒguō shì shénme?

明明: 这是一种将各种食材放到沸腾的水中煮的饮食。以前叫做“古董羹”，因为食材放到沸水中一般会发出类似“咕咚”的声音。

Zhè shì yì zhǒng jiāng gèzhǒng shícái fàngdào fèiténg de shuǐ zhōng zhǔ de yǐnshí. Yǐqián jiàozuò gǔdǒng gēng, yīnwèi shícái fàngdào fèishuǐ zhōng yìbān huì fāchū lèisì gūdōng de shēngyīn.

美珍: 中国人从什么时候开始吃火锅的？

Zhōngguórén cóng shénme shíhòu kāichǐ chī huǒguō de?

明明: 这种饮食从战国时代开始就有了，到了宋代，已经在民间广为流传。

Zhè zhǒng yǐnshí cóng Zhànguó shídài kāishǐ jiù yǒu le, dào le Sòngdài, yǐjīng zài mínjiān guǎngwéi liúchuán.

美珍: 好吃吗？

Hǎochī ma?

明明: 简直美味绝伦！你吃过的话，也一定会喜欢的。

Jiǎnzhí měiwèi juélún! Nǐ chīguo de huà, yě yídìng huì xǐhuan de.

小俊: 在上海，哪个火锅店比较有名？

Zài Shànghǎi, nǎ ge huǒguō diàn bǐjiào yǒumíng?

明明: 海底捞。

Hǎidǐlāo.

小俊: 对对，我也听过这家店的名号。离学校远吗？

Duì duì, wǒ yě tīngguo zhè jiā diàn de mínghào. Lí xuéxiào yuǎn ma?

明明: 特别近。五角场附近就有，我们现在就去吧。

Tèbié jìn. Wǔjiǎochǎng fùjìn jiù yǒu, wǒmen xiànzài jiù qù ba.

짚고 넘어가야 될 문법

■ 变

동사로, '바뀌다', '변하다'는 뜻이다. 상태나 성질이 바뀔 때도 이 동사를 사용한다.

(1) 经历那件事情之后，他的脾气变得温和了许多。
Jīnglì nà jiàn shìqing zhī hòu, tā de píqi biàn de wēnhé le xǔduō.
그 일을 겪은 후로 그의 성격이 많이 부드러워졌다.

(2) 她变得越来越漂亮了。
Tā biàn dé yuèláiyuè piàoliàng le.
그녀는 점점 예뻐지고 있다.

■ 从……开始

'~부터 시작하다'는 뜻을 나타낸다. 보통 '从' 뒤에 시간사가 위치한다.

(1) 从今天开始，咱俩交往了。
Cóng jīntiān kāishǐ, zán liǎ jiāowǎng le.
오늘부터 우리 둘이 사귀게 되었다.

(2) 从2018年1月开始，我们研究所的地位提高了。
Cóng èrlíngyībā nián yī yuè kāishǐ, wǒmen yánjiūsuǒ de dìwèi tígāo le.
2018년 1월부터 우리 연구소의 위상이 높아졌다.

■ 比较

부사로, '비교적'이라는 뜻을 나타낸다. 부사이므로 보통 동사나 형용사를 수식한다.

(1) 你说的话比较有说服力。
Nǐ shuō de huà bǐjiào yǒu shuōfúlì.
네가 한 말은 비교적 설득력이 있다.

(2) 他在学校算是比较活跃的学生。
Tā zài xuéxiào suànshì bǐjiào huóyuè de xuésheng.
그는 학교에서 비교적 활동적인 학생에 속한다.

알고 나면 더 재미있는 중국

1. 훠궈(火锅)

그림 26. 훠궈

훠궈는 옛날에 '구동껑(古董羹)'이라 불렀는데, 음식이 끓는 물에 들어가면서 나오는 '첨벙'하는 소리 때문에 붙여진 이름이다. 훠궈는 중국의 독창적인 음식으로 오랜 역사를 가지고 있으며, 남녀노소 할 것 없이 모두가 즐길 수 있는 음식이다. 고증에 따르면, 전국(战国)시대에 훠궈가 있었고, 당시 사람들은 옹기단지를 냄비로 사용하였다고 한다. 송대에 훠궈가 민간에 널리 퍼지게 되었는데, 남송(南宋)때 임홍(林洪)의 《산가청공(山家清供)》이라는 요리책에는 친구들과 같이 훠궈를 먹었다는 설명이 나온다. 원나라 때, 훠궈는 몽골 일대까지 전해져 소고기와 양고기를사용하게 되었다. 청나라 때에는 훠궈가 민간에서 유행했을 뿐만 아니라, 꿩 등과 같이 사냥한 짐승을 재료로 삼은 '궁중요리'로도 유명해졌다.
훠궈는 일반적으로 냄비를 조리도구로 하여 열원으로 냄비를 데우고 나서 물이나 탕으로 끓여서 음식을 익혀서 먹는 방식이다. 그와 동시에 이러한 조리 방식에 사용되는 냄비 기구를 나타내기도 한다. 익히면서 먹을 수 있고, 또 냄비 자체에 보온효과가 있어, 먹을 때도 음식에 김이 모락모락 나고, 재료에 국물이 스며드는 것이 특징이다. 세계 곳곳에 비슷한 요리가 있지만 주로 동아시아 지역에서 특히 성행하였다.
전형적인 훠궈의 식재료는 각종 육류, 해산물, 채소류, 콩제품류, 버섯류, 알류 등이며, 이것들을 끓인 맑은 물이나 특별히 만든 육수물에 넣어서 익혀 먹는다. 어떤 때는 소스를 묻혀 같이 먹기도 한다.

2. 중국 각지의 음식 특징

중국 각지의 음식 특징을 가장 잘 나타내는 말이 바로 "南甜北咸, 东辣西酸(남쪽은 달고 북쪽은 짜고, 동쪽은 맵고 서쪽은 시다.)"이다. 이는 중국 각 지역의 기후, 식습관 등의 차이로 인해, 지역에 따라 사람들의 맛에 대한 선호도도 다르다는 것을 나타낸다.

1) 南甜

소주(苏州), 무석(无锡), 상해(上海) 사람들이 단 것을 좋아하는 것은 매우 유명하다. 이들 지역 사람들이 음식을 만들 때 설탕은 없어서는 안 될 재료이다. 절강(江浙) 사람들은 이런 달콤한 음식을 더욱더 좋아한다. 이렇게 남쪽의 달콤함을 대표하는 요리는 중국의 8대 요리 중의 하나인 쑤차이(苏菜)를 들 수 있다.

2) 北咸

북쪽에서 신 맛이 나는 요리는 주로 산동(山东) 일대에 집중되어 있기 때문에, 일명 루차이(鲁菜)라고 부른다. 루차이는 산동 요리의 약칭이다. 이는 중국에서 최초로 지방색을 나타내는 음식인데다 전국적으로 유명한 8대 요리의 하나이다.

3) 东辣

호남(湖南), 호북(湖北), 강서(江西), 귀주(贵州), 사천(四川) 지역 및 조선족이 매운 것을 좋아한다. 중국에서는 "귀주(贵州) 사람은 매운 것을 두려워하지 않고, 호남(湖南) 사람은 매워도 두렵지 않고, 사천(四川) 사람은 맵지 않을까 두려워한다."는 말이 있다.

4) 西酸

황토(黄土)고원, 운귀(云贵)고원 및 그 주변일대의 수분과 토양에는 대량의 칼슘이 들어 있다. 따라서 그들의 음식에는 칼슘의 함량도 그만큼 많다. 이렇게 음식을 통해, 체내에 석회질이 축적되어 결석이 쉽게 만들어진다. 이 일대의 사람들은 오랜 경험을 통해, 산성 음식을 많이 먹는 것이 결석과 같은 질병을 줄이는데 도움이 된다는 것을 알게 되었다. 그러면서 오랜 시간이 지나, 점점 신맛을 좋아하는 습관이 생기게 된 것이다.

제12과 새 단어

1	尽管	[jǐnguǎn]	부	얼마든지. 마음 놓고.
2	官方	[guānfāng]	명	정부 측.
3	网站	[wǎngzhàn]	명	인터넷 웹 사이트.
4	公布	[gōngbù]	동	공포하다. 공표하다.
5	建设	[jiànshè]	동	건설하다.
6	学历	[xuélì]	명	학력.
7	研究生	[yánjiūshēng]	명	연구생. 대학원생.
8	本科	[běnkē]	명	본과.
9	专科	[zhuānkē]	명	전문 분야.
10	管理	[guǎnlǐ]	동	관리하다.
11	体系	[tǐxì]	명	체계. 체제.
12	包括	[bāokuò]	동	포함하다. 포괄하다.
13	发	[fā]	동	보내다. 부치다.
14	申请	[shēnqǐng]	동	신청하다.
15	职称	[zhíchēng]	명	직함.
16	答辩	[dábiàn]	동	답변하다.
17	海归	[hǎiguī]	명	해외에서 유학을 하거나 혹은 일을 하다가 돌아온 사람.
18	科研	[kēyán]	명	'과학연구(科学研究)'의 약칭.
19	铃声	[língshēng]	명	벨소리.
20	响	[xiǎng]	동	소리를 내다.

이 문장은 꼭 익혀요!!

■ 有想知道的地方，尽管跟我说。
Yǒu xiǎng zhīdào de dìfang, jǐnguǎn gēn wǒ shuō.

■ 我来中国一年了，但对中国大学的学历并不了解。
Wǒ lái Zhōngguó yì nián le, dàn duì Zhōngguó dàxué de xuélì bìng bù liǎojiě.

■ 本学期的专业课都是排在早晨第一节课，他经常来不及吃早饭。
Běn xuéqī de zhuānyè kè dōu shì páizài zǎochén dìyī jié kè, tā jīngcháng láibùjí chī zǎofàn.

제12과
중국대학의 커리큘럼

리우 선생님: 소준아. 네가 중국에 와서 대학을 다녀보니, 느낌이 어때? 한국과 비교해봤을 때 똑같니?

소준: 어떤 것은 같고, 어떤 것은 달라요.

리우 선생님: 알고 싶은 부분이 있으면, 얼마든지 나에게 얘기해.

소준: 네. 교수님. 저는 쭉 하나를 여쭤보고 싶었어요. 중국은 지금 '쌍일류'를 외치고 있는데, 무슨 뜻인가요?

리우 선생님: 2017년 9월 21일, 중국 교육부는 공식 홈페이지에 세계 일류 대학과 일류 학과의 명단을 발표했어. 이걸 줄여서 '쌍일류'라고 부르지.

소준: 이전의 '985' '211' 프로젝트는 끝난 건가요?

리우 선생님: 맞아. '985 프로젝트' 대학은 모두 39곳이나 되는데 전부 '쌍일류' 명단에 들어갔고, 그밖에 '211 프로젝트'의 대학 3군데도 그 명단에 들어있어.

소준: 그렇군요. 제가 중국에 온지 1년 되었지만, 중국 대학의 학력에 대해서는 몰랐어요.

리우 선생님: 중국대학의 교육 학력은 박사연구생, 석사연구생, 제2학사학위, 본과, 일반 전문분야를 포함하고 있어.

소준: 중국 대학의 관리 체계는 같나요?

리우 선생님: 일반 대학교는 우선 단과대학으로 나누어져 있어. 단과대학에는 또 많은 전공들이 있고. 예를 들어, 인문대학은 중문과, 역사학과,

철학과 등이 포함되어 있어. 만약 전공학생의 수가 많은 편이라면, 분반을 해야 돼.

소준: 우리 과는 세 개의 분반으로 나누어져 있고, 각각의 반에는 열 몇 명의 학생들이 있어요. 그렇지만 제가 아는 친구는 복단대에 다니는데, 그의 전공에는 학생 수가 4,50명이나 되는데도 분반이 하나밖에 없어요. 어제 그가 나에게 위챗으로 말해줬는데, 이번 학기의 전공수업이 전부 아침 1교시로 되어 있어서, 항상 아침밥을 먹을 시간이 없대요. 크크크. 한국에 있을 때, 우리는 9시에 수업을 했거든요.

리우 선생님: 중국대학은 달라. 아침 8시부터 저녁 8시까지 매일 13시간의 수업이 개설되어 있어. 게다가 보통 1시수는 45분 수업이라서, 너희 나라의 수업시간보다 짧지.

소준: 아! 수업시간을 말씀하시니까, 저번 학기에 교수 직함을 신청하고 싶다고 하셨던 것을 기억하는데, 성공했어요?

리우 선생님: 그 일을 기억해줘서 고마워. 내가 교직에 있은 지 10년 동안 제일 처음 조교에서 강사로 바뀌었고, 또 지금 부교수까지 올라왔어. 다음 주에 면접을 봐야 하는데, 교수직을 신청한 사람들이 너무 많아서 스트레스가 커.

소준: 리우 교수님은 해외에서 돌아오시고 나서, 연구도 많이 하시고, 학술적 성과도 많아졌어요. 그런데다 또 석사생을 지도하시는 교수님이시니,

분명 성공할 거예요.

리우 선생님: 고맙다. 수업 종이 울렸어. 교실에 들어가자.

소준: 예. 교수님 고맙습니다.

第十二课
中国大学的课程

刘老师: 小俊，你来中国上大学，感觉怎么样？跟韩国相比一样吗？

Xiǎojùn, nǐ lái Zhōngguó shàng dàxué, gǎnjué zěnmeyàng? Gēn Hánguó xiāngbǐ yíyàng ma?

小俊: 有的一样，有的不一样。

Yǒude yíyàng, yǒude bù yíyàng.

老师: 有想知道的地方，尽管跟我说。

Yǒu xiǎng zhīdào de dìfang, jǐnguǎn gēn wǒ shuō.

小俊: 好的，老师。我一直想问一个问题，中国现在经常说"双一流"，是什么意思呢？

Hǎo de, lǎoshī. Wǒ yìzhí xiǎng wèn yí ge wèntí, Zhōngguó xiànzài jīngcháng shuō shuāng yìliú, shì shénme yìsi ne?

刘老师: 2017年9月21日，中国教育部官方网站公布了世界一流大学和一流学科建设高校及建设学科名单，简称为"双一流"。

Èrlíngyīqī nián jiǔ yuè èrshíyī rì, Zhōngguó jiàoyùbù guānfāng wǎngzhàn gōngbù le shìjiè yìliú dàxué hé yìliú xuékē jiànshè gāoxiào jí jiànshè xuékē míngdān, jiǎnchēng wéi shuāng yìliú.

小俊: 以前的“985” “211”工程，是不是停止了？

Yǐqián de jiǔbāwǔ, èryīyī gōngchéng, shìbushì tíngzhǐ le?

刘老师: 是这样的，“985工程”大学共有39所，全部进入了“双一流”名单，另外有3所“211工程”大学也进入了。

Shì zhèyàng de, jiǔbāwǔ gōngchéng dàxué gòng yǒu sānshíjiǔ suǒ, quánbù jìnrù le shuāng yìliú míngdān, lìngwài yǒu sān suǒ èryīyī gōngchéng dàxué yě jìnrù le.

小俊: 原来是这样啊！我来中国一年了，但对中国大学的学历并不了解。

Yuánlái shì zhèyàng a! Wǒ lái Zhōngguó yì nián le, dàn duì Zhōngguó dàxué de xuélì bìng bù liǎojiě.

刘老师: 中国大学的教育学历包括：博士研究生、硕士研究生、第二学士学位、本科、普通专科。

Zhōngguó dàxué de jiàoyù xuélì bāokuò: bóshì yánjiūshēng, shuòshì yánjiūshēng, dì'èr xuéshì xuéwèi, běnkē, pǔtōng zhuānkē.

小俊: 中国大学的管理体系都是一样的吗？

Zhōngguó dàxué de guǎnlǐ tǐxì dōu shì yíyàng de ma?

刘老师: 一般的大学，先分学院。学院又包括很多专业。比如，人文学院包括中文系、历史系、哲学系等。如果一个专业学生人数较多，那么需要分成多个班级。

Yìbān de dàxué, xiān fēn xuéyuàn. Xuéyuàn yòu bāokuò hěn duō zhuānyè. Bǐrú, rénwén xuéyuàn bāokuò zhōngwén xì, lìshǐ xì, zhéxué xì děng. Rúguǒ yí ge zhuānyè xuésheng rénshù jiào duō, nàme xūyào fēnchéng duō ge bānjí.

小俊: 我们系就分了三个班，每个班有十几个学生。但我有个朋友在复旦大学，他的专业只有一个班，学生四五十人。昨天他发微信告诉我，本学期的专业课都是排在早晨第一节课，他经常来不及吃早饭，呵呵呵~~在韩国的时候，我们都是9点上课呢。

Wǒmen xì jiù fēn le sān ge bān, měi ge bān yǒu shí jǐ ge xuésheng. Dàn wǒ yǒu ge péngyou zài Fùdàn dàxué, tā de zhuānyè zhǐ yǒu yí ge bān, xuésheng sìwǔshí rén. Zuótiān tā fā wēixìn gàosu wǒ, běn xuéqī de zhuānyè kè dōu shì pái zài zǎochén dìyī jié kè, tā jīngcháng láibùjí chī zǎofàn, hēhēhē~~zài Hánguó de shíhou, wǒmen dōu shì jiǔ diǎn shàngkè ne.

刘老师: 中国大学不一样，从早上8点开始，直到晚上8点多钟，每天共开设13节课。而且一般一节课45分钟，比你们国家的上课时间短。

Zhōngguó dàxué bù yíyàng, cóng zǎoshang bā diǎn kāishǐ, zhídào wǎnshang bā diǎn duō zhōng, měitiān gòng kāishè shísān jié kè. Érqiě yìbān yì jié kè sìshíwǔ fēn zhōng, bǐ nǐmen guójiā de shàngkè shíjiān duǎn.

小俊: 对了，说到上课时间，我记得上学期时，您说过想要申请教授职称，请问成功了吗？

Duì le, shuōdào shàngkè shíjiān, wǒ jìde shàng xuéqī shí, nín shuō guo xiǎng yào shēnqǐng jiàoshòu zhíchēng, qǐngwèn chénggōng le ma?

刘老师: 谢谢你记得这件事！我工作了十年，从最开始的助教，变成了讲师，又评上了目前的副教授，下周我就要进行答辩了。不过，申请教授的老师太多了，我压力很大。

Xièxie nǐ jìde zhè jiàn shì! Wǒ gōngzuò le shí nián, cóng zuì kāishǐ de zhùjiào, biànchéng le jiǎngshī, yòu píngshang le mùqián de fùjiàoshòu, xiàzhōu wǒ jiù yào jìnxíng dábiàn le. Búguò, shēnqǐng jiàoshòu de lǎoshī tài duō le, wǒ yālì hěn dà.

小俊: 刘老师您是"海归"博士后，科研能力很强，学术成果很多，而且又是硕士生导师，肯定会成功的。

Liú lǎoshī nín shì hǎiguī bóshì hòu, kēyán nénglì hěn qiáng, xuéshù chéngguǒ hěn duō, érqiě yòu shì shuòshìshēng dǎoshī, kěndìng huì chénggōng de.

刘老师: 谢谢你！上课铃声响了，我们进教室吧！

Xièxie nǐ! Shàngkè língshēng xiǎng le, wǒmen jìn jiàoshì ba!

小俊: 好的，谢谢老师！

Hǎo de, xièxie lǎoshī!

짚고 넘어가야 될 문법

■ 尽管

본문에서는 '얼마든지', '마음 놓고'라는 뜻을 나타내는 부사로 사용되었다.

(1) 有困难的话，尽管说。
Yǒu kùnnan de huà, jǐnguǎn shuō.
곤란한 점이 있다면, 얼마든지 말해.

(2) 如果你有忧郁的事情，尽管给我说。
Rúguǒ nǐ yǒu yōuyù de shìqing, jǐnguǎn gěi wǒ shuō.
만약 네가 우울한 일이 있다면, 얼마든지 나에게 말해.

■ 来不及

본문에서는 '여유가 없다'는 뜻으로 사용되었다. 그 외에도, '来不及'는 '겨를이 없다', '시간이 맞지 않다'는 뜻을 가지고 있다.

(1) 虽然这个研究所来不及做完五个项目，但是尽量做完三个项目。
Suīrán zhè ge yánjiūsuǒ láibují zuòwán wǔ ge xiàngmù, dànshì jǐnliàng zuòwán sān ge xiàngmù.
비록 이 연구소가 다섯 개의 프로젝트를 끝낼 시간이 없지만, 가능한 한 세 개의 프로젝트는 끝내려고 한다.

(2) 那天趁赵奶奶还来不及抓住我们，我们便溜了出来。
Nàtiān chèn zhào nǎinai hái láibují zhuāzhù wǒmen, wǒmen biàn liū le chūlái.
그날 자오 할머니가 우리를 붙잡을 겨를이 없는 틈을 타, 우리는 바로 빠져 나왔다.

■ 肯定

본문에서는 '분명히', '확실히'라는 뜻을 가진 부사를 나타낸다. 그밖에 '긍정하다'는 뜻의 동사, '긍정적이다', '틀림없다'는 뜻의 형용사 용법이 있다.

(1) 如果大家都尽力，这次活动肯定会成功的。
Rúguǒ dàjiā dōu jìnlì, zhècì huódòng kěndìng huì chénggōng de.

만약 모두가 최선을 다한다면, 이번 활동은 분명히 성공할 것이다.

(2) 别担心，我肯定能赶上时间。
Bié dānxīn, wǒ kěndìng néng gǎnshang shíjiān.

걱정하지 마, 나는 분명히 시간에 맞출 수 있을 거야.

알고 나면 더 재미있는 중국

1. 대학교의 관리 체계

대학교-단과대학-과-전공

일반 대학교는 우선 단과대학으로 나뉘며, 단과대학에는 여러 전공들이 포함되어 있다. 예로, 인문대학에는 중문과, 역사학과, 철학과 등이 속해 있는데, 어떤 과에서는 다시 세부 전공을 나눌 수 있다. 그런데 전공 학생 수가 많다면, 여러 개의 분반으로 나눌 필요가 있다. 분반의 인원수는 정해져 있지 않은데, 적게는 열 몇 명에서 많게는 4.50명도 된다.

중국대학은 보통 1시수가 45분 수업이며, 아침 8시부터 저녁 8시까지 매일 13시간의 수업이 개설된다.

만약 어떤 전공이 단과대학으로 구성될 수 없다면, '과'라고만 부르게 된다. 예로, 화동사범대학의 중문과는 실질적인 단위로, 행정권과 인사권을 가지고 있다. 그에 반해 상해교통대학의 중문과는 인문대학에 속해 있어, 행정권과 인사권이 존재하지 않으며, 관련 권한은 단과대학에서 행한다.

대학에서 지도교수는 바로 석사연구생 지도교수와 박사연구생 지도교수를 말한다. 현재 많은 대학에서 본과생 지도교수를 두고 있는 실정이다. 지도교수제는 교육 제도의 일환으로, 석사생 지도교수는 보통 부교수나 부연구원 이상의 직급이 담당할 수 있다. 박사생 지도교수는 교수나 연구원이어야 신청할 수 있다.

2. 교원의 등급

대학교에서 교원의 직함은 조교, 강사, 부교수, 교수 등 4개 직급으로 나뉜다. 직급에 상관없이 이들은 모두 외국어 능력과 컴퓨터 능력을 갖춰야 한다. 조교는 새로운 교원이 강사로 임용되기 전에 1년 또는 1년 이상 교육보조 업무에 종사하는 것으로, 원활한 수업을 위해 보조 역할을 하는 것이 주된 업무이다. 강사는 한 과목 또는 그 이상을 독립적으로 개설할 수 있는 대학 교원을 말한다. 부교수와 교수는 고급 직함에 속하는데, 현재 중국 일류대학의 부교수와 교수에 대한 승진제도는 상당히 엄격한 편이다.

3. '211 프로젝트' 대학

1990년부터 양성하여, 1996년에는 전국 각지에서 100개의 대학이 211 중점대학으로 확정되었다. 2011년에, 211 프로젝트에 속하는 대학이 모두 112 곳이 되자, 이때부터 더 이상 새로 추가하지 않았다.

4. '985 프로젝트' 대학

1998년 5월, 교육부에서는 세계일류 대학의 건설과 우수 대학 확립을 결정하였다. 1998년부터 3년간 정부는 매년 중앙 재정 수입의 1%를 중국의 '세계 일류 대학' 건설 자금으로 내놓았다. 현재 '985' 대학은 39곳이다.

'985'와 '211' 프로젝트는 중국 일류대학의 상징이라고 널리 인식되었지만 2016년 5월, '985'와 '211' 프로젝트와 관련된 문건들이 폐지되었다.

5. '쌍일류' 대학

2017년 9월 21일, 중국 교육부는 공식 홈페이지에 세계 일류 대학과 일류 학과 명단을 발표했다. 이걸 줄여서 '쌍일류'라고 부른다. 일류대학 42곳과 일류학과 95곳으로 모두 137개의 대학이 명단에 포함되어 있다. 일류대학 42곳 중에서 '985 프로젝트' 대학 39곳과 '211 프로젝트' 3곳이 포함되어 있다.

6. C9 연합 대학

'985' 프로젝트에 속하는 대학은 제일 처음 북경대학과 청화대학뿐이었다. 이 두 대학은 '세계일류대학'으로 인식되었다. 2000년에 중국 대학의 통합과 개편이 끝

나자, 남경(南京)대학, 복단(复旦)대학, 절강(浙江)대학, 하얼빈공업(哈尔滨工业)대학, 상해교통(上海交通)대학, 중국과학기술(中国科技)대학, 서안교통(西安交通)대학 등이 연이어 '985' 프로젝트에 진입하였다. 2009년 10월, 미국의 아이비리그, 영국의 러셀 그룹, 호주의 8교 그룹 등의 모델을 따라서, 상술한 9개 대학은《일류대학 인재육성 협력과 교류를 위한 협약서》를 체결하고, 학술연맹인 '구교연맹'을 만들었는데, 이는 국제적으로 중국의 아이비리그라고 불린다.

제13과 새 단어

1	干净	[gānjìng]	형	깨끗하다.
2	安静	[ānjìng]	형	조용하다.
3	手势	[shǒushì]	명	손짓.
4	圆圈	[yuánquān]	명	동그라미.
5	模仿	[mófǎng]	동	모방하다. 본받다.
6	穆斯林	[mùsīlín]	명	무슬림.
7	清真	[qīngzhēn]	명	이슬람교. 회교.
8	公寓	[gōngyù]	명	아파트.
9	分享	[fēnxiǎng]	동	함께 나누다.
10	冷藏	[lěngcáng]	동	냉장하다. 냉동하다.
11	洗刷	[xǐshuā]	동	세척하다.
12	供应	[gōngyìng]	동	제공하다. 공급하다.
13	水电费	[shuǐdiànfèi]	명	전기 및 수도 요금.
14	断电	[duàndiàn]	동	정전이 되다.
15	运转	[yùnzhuǎn]	동	(기계가) 돌아가다.
16	差点儿	[chàdiǎnr]	부	하마터면.
17	糟糕	[zāogāo]	동	엉망이 되다.
18	预定	[yùdìng]	동	예정하다.
19	支付	[zhīfù]	동	지불하다. 지급하다.
20	越来越	[yuèláiyuè]	부	더욱더. 점점.

이 문장은 꼭 익혀요!!

■ 我去借篮球，首先双手比了一个圆圈，然后再模仿打球的样子，最后对方才明白。

Wǒ qù jiè lánqiú, shǒuxiān shuāngshǒu bǐ le yí ge yuánquān, ránhòu zài mófǎng dǎ qiú de yàngzi, zuìhòu duìfāng cái míngbai.

■ 我宿舍的空调不能运转，我差点儿热死了。

Wǒ sùshè de kōngtiáo bù néng yùnzhuǎn, wǒ chàdiǎnr rèsǐ le.

■ 中国的高等教育越来越好了。希望你今后的大学生活也越来越好！

Zhōngguó de gāoděng jiàoyù yuèláiyuè hǎo le. Xīwàng nǐ jīnhòu de dàxué shēnghuó yě yuèláiyuè hǎo!

제13과
중국대학의 기숙사

밍밍: 미진아. 유학생의 기숙사는 어때?

미진: 너무 좋아. 깨끗하면서 조용해.

밍밍: 각 국가의 유학생들이 한 건물에 살잖아. 말이 통하지 않는 룸메이트를 만날 수 있니?

미진: 손짓을 사용할 수 있어. 한 번은 내가 농구공을 빌리러 갔을 때, 처음엔 두 손으로 동그라미를 나타내고, 그런 다음에 다시 공을 치는 모습을 흉내 내니까, 결국엔 상대방이 알더라고.

밍밍: 언어 말고 음식문화도 다르잖아. 예를 들어, 무슬림 친구들이 이슬람 음식을 먹으려고 할 때, 어떻게 음식 문제를 해결하니?

미진: 우리 유학생 기숙사에는 부엌이 있어. 어떤 때에 나는 그들이 전을 부쳐서 먹는 것을 보기도 해. 그들의 문화에서는 마지막 남은 음식이 제일 귀중한 것이라서, 그들은 그것을 다른 사람에게 나누어 줘.

밍밍: 다 먹을 수 없다면 냉장할 곳은 있어?

미진: 있지. 모든 숙소마다 냉장고가 있어.

밍밍: 너희 유학생들은 두 사람이 방 하나에, 공동으로 냉장고 하나를 쓰잖아. 진짜 괜찮네. 우리는 없어.

미진: 너희들은 네 사람이 방 하나를 쓰니까, 냉장고를 둘 공간이 없을 거잖아. 어떤 대학은 여섯 명이나 여덟 명이 같이 한 방을 쓰고, 그런 데다 숙소 안에 독립된 화장실이나 욕실이 없다고 들었어.

밍밍: 네 말이 맞아. 우리는 씻으려면 공용 욕실로 가야 해. 그런데 24시간 따뜻한 물이 공급되는 것도 아니야. 미진아. 너는 내가 6층에 사는 데 엘리베이터가 없어서 매일 오르락내리락 한다고 얼마나 피곤한지 모를 거야.

미진: 슬퍼하지 마. 우리 숙소에도 문제점은 있어. 예를 들면, 전기나 수도 요금 시스템이야. 우리 카드에 잔고가 부족하면, 숙소에서 밤 11시에 전기가 끊길 수 있어.

밍밍: 너희들은 인터넷으로 돈을 충전시키면 되잖아.

미진: 안 돼. 그 다음날 아침 8시까지 기다려야 할 수 있어. 작년 여름방학 때, 하루는 저녁에 전기가 끊겨서 내 방의 에어컨이 작동을 하지 않는 거야. 나는 하마터면 더워 죽을 뻔 했어.

밍밍: 듣기만 해도 끔찍하다.

미진: 그밖에도 우리는 매 학기마다 인터넷으로 방을 예약해야 돼. 만약 예약이 늦으면, 자기가 원래 있던 방을 다른 사람이 예약할 수 있어. 그럼 중개업체를 찾아서 방을 빌릴 수밖에 없어.

밍밍: 임대료가 꽤 비싸지?

미진: 교내 기숙사의 유학생 숙소비와 비슷해. 중국학생의 숙소비보다 5배 비쌀 거야.

밍밍: 중국의 대학에는 많은 장학금이 있으니까, 숙소비를 충당할 수 있잖아?

미진: 맞어. 내가 이번에 1등을 했거든. 그래서 중국 교육부에 고마움을 느끼고 있어.

밍밍: 중국의 대학교육이 갈수록 좋아지고 있어. 이후 네 대학생활도 점점 좋아지길 바랄게.

미진: 고마워.

第十三课
中国大学的宿舍

明明: 美珍，留学生的宿舍怎么样？

Měizhēn, liúxuéshēng de sùshè zěnmeyàng?

美珍: 挺好啊。不仅干净，而且安静。

Tǐng hǎo a. Bùjǐn gānjìng, érqiě ānjìng.

明明: 不同国家的留学生住在一栋楼里，会不会遇到语言不通的舍友啊？

Bùtóng guójiā de liúxuéshēng zhù zài yí dòng lóu li, huì bú huì yùdào yǔyán bùtōng de shèyǒu a.

美珍: 可以使用手势啊。有一次，我去借篮球，首先双手比了一个圆圈，然后再模仿打球的样子，最后对方才明白。

Kěyǐ shǐyòng shǒushì a. Yǒu yí cì, wǒ qù jiè lánqiú, shǒuxiān shuāngshǒu bǐ le yí ge yuánquān, ránhòu zài mófǎng dǎ qiú de yàngzi, zuìhòu duìfang cái míngbai.

明明: 语言以外，饮食文化也不一样吧。比如穆斯林同学想吃清真食物，怎么解决食物问题呢？

Yǔyán yǐwài, yǐnshí wénhuà yě bù yíyàng ba. Bǐrú mùsīlín tóngxué xiǎng chī qīngzhēn shíwù, zěnme jiějué shíwù wèntí ne?

美珍: 我们留学生公寓有厨房。我有时候会看到他们煎饼吃。在他们的文化中，最后一块食物是最珍贵的，所以他们会把它分享给别人。

Wǒmen liúxuéshēng gōngyù yǒu chúfáng. Wǒ yǒu shíhou huì kàn dào tāmen jiān bǐng chī. Zài tāmen de wénhuà zhōng, zuìhòu yíkuài shíwù shì zuì zhēnguì de, suǒyǐ tāmen huì bǎ tā fēnxiǎng gěi biérén.

明明: 如果吃不完，有地方冷藏吗？

Rúguǒ chībuwán, yǒu dìfang lěngcáng ma?

美珍: 有的，每个宿舍都有冰箱。

Yǒu de, měi ge sùshè dōu yǒu bīngxiāng.

明明: 你们留学生两人一间，共用一台，真不错。我们没有。

Nǐmen liúxuéshēng liǎng rén yì jiān, gòngyòng yì tái, zhēn búcuò. Wǒmen méi yǒu.

美珍: 因为你们四个人一间宿舍，没有多余的空间放冰箱。听说有些大学六个人或者八个人一间。而且宿舍里没有独立的厕所或洗刷间。

Yīnwèi nǐmen sì ge rén yì jiān sùshè, méi yǒu duōyú de kōngjiān fàng bīngxiāng. Tīngshuō yǒuxiē dàxué liù ge rén huòzhě bā ge rén yì jiān. Érqiě sùshè li méi yǒu dúlì de cèsuǒ huò xǐshuājiān.

明明: 你说的对。我们洗澡要去公共浴室，但是不是24个小时都会有热水供应。美珍，你不知道，我住在六楼，因为没有电梯，每天上楼下楼，非常累。

Nǐ shuō de duì. Wǒmen xǐzǎo yào qù gōnggòng yùshì, dànshì bú shìì ge xiǎoshí dōu huì yǒu rèshuǐ gōngyìng. Měizhēn, nǐ bù zhīdao, wǒ zhù zài liù lóu, yīnwèi méi yǒu diàntī, měitiān shànglóu xiàlóu, fēicháng lèi.

美珍: 别难过。我们宿舍也有缺点，比如水电费系统，我们的卡如果余额不足，宿舍会在晚上11点断电。

Bié nánguò. Wǒmen sùshè yě yǒu quēdiǎn, bǐrú shuǐdiànfèi xìtǒng, wǒmen de kǎ rúguǒ yú'é bùzú, sùshè huì zài wǎnshang shíyī diǎn duàndiàn.

明明: 你们可以网上充值啊！

Nǐmen kěyǐ wǎngshang chōngzhí a!

美珍: 不行，需要等到第二天的早上八点才可以。去年暑假，有一天晚上断电了，我宿舍的空调不能运转，我差点儿热死了。

Bùxíng, xūyào děng dào dì'èrtiān de zǎoshang bā diǎn cái kěyǐ. Qùnián shǔjià, yǒu yìtiān wǎnshang duàndiàn le, wǒ sùshè de kōngtiáo bù néng yùnzhuǎn, wǒ chàdiǎnr rèsǐ le.

明明: 听起来很糟糕。

Tīng qǐlái hěn zāogāo.

美珍: 另外，我们每个学期都要网上预订宿舍。如果预订晚了，自己原来的宿舍就会被别人预订，那就只能去校外找中介租房子了。

Lìngwài, wǒmen měi ge xuéqī dōu yào wǎngshang yùdìng sùshè. Rúguǒ yùdìng wǎn le, zìjǐ yuánlái de sùshè jiù huì bèi biérén yùdìng, nà jiù zhǐ néng qù xiào wài zhǎo zhōngjiè zū fángzi le.

明明: 租金很贵吧？

Zūjīn hěn guì ba?

美珍: 和校内留学生宿舍的住宿费差不多。可能比中国学生的住宿贵5倍吧！

Hé xiào nèi liúxuéshēng sùshè de zhùsùfèi chàbuduō. Kěnéng bǐ Zhōngguó xuésheng de zhùsù guì wǔ bèi ba!

明明: 中国大学有很多奖学金，可以支付住宿费吧？

Zhōngguó dàxué yǒu hěn duō jiǎngxuéjīn, kěyǐ zhīfù zhùsùfèi ba?

美珍: 是的。这次我得到了一等奖，所以我很感谢中国教育部门！

Shì de. Zhècì wǒ dédào le yīděngjiǎng, suǒyǐ wǒ hěn gǎnxiè Zhōngguó jiàoyù bùmén!

明明: 中国的高等教育越来越好了。希望你今后的大学生活也越来越好！

Zhōngguó de gāoděng jiàoyù yuèláiyuè hǎo le. Xīwàng nǐ jīnhòu de dàxué shēnghuó yě yuèláiyuè hǎo!

美珍: 谢谢你！

Xièxie nǐ!

짚고 넘어가야 될 문법

■ 首先……, 然后……, 最后…….

여러 상황을 순서에 따라 열거할 때 사용한다.

(1) 去旅游时，首先申请护照，然后换钱，最后打包。
Qù lǚyóu shí, shǒuxiān shēnqǐng hùzhào, ránhòu huànqián, zuìhòu dǎbāo.

여행을 갈 때, 먼저 여권을 신청하고 그런 다음 환전을 하고, 마지막에 짐을 싼다.

(2) 学习汉语时，首先知道汉字，然后练习拼音及声调，最后练习说文章。
Xuéxí hànyǔ shí, shǒuxiān zhīdào hànzì, ránhòu liànxí pīnyīn jí shēngdiào, zuìhòu liànxí shuō wénzhāng.

중국어를 공부할 때, 먼저 한자를 알고, 그런 다음 병음과 성조를 연습하며, 마지막으로 문장을 말하는 연습을 한다.

■ 差点儿

어떤 일이 실현에 가까워지거나 가까스로 실현되는 것을 나타낸다.

(1) 当我被球打时，差点儿要倒在地上。
Dāng wǒ bèi qiú dǎ shí, chàdiǎnr yào dǎo zài dì shang.

공에 맞았을 때, 하마터면 땅에 쓰러질 뻔 했다.

(2) 当我碰到我初恋的时候，差点儿哭了。
Dāng wǒ pèngdào wǒ chūliàn de shíhou, chàdiǎnr kū le.

나는 나의 첫사랑을 만났을 때, 하마터면 울 뻔 했다.

■ 越来越

부사로, '더욱더', '점점'이라는 뜻을 나타낸다.

(1) 最近韩国的夏天天气比过去越来越热。
Zuìjìn Hánguó de xiàtiān tiānqì bǐ guòqù yuèláiyuè rè.
요즘 한국의 여름날씨는 과거보다 점점 더워지고 있다.

(2) 韩国和其他国家的关系越来越差。
Hánguó hé qítā guójiā de guānxi yuèláiyuè chà.
한국과 다른 나라와의 관계가 갈수록 나빠지고 있다.

알고 나면 더 재미있는 중국

1. 중국대학의 기숙사 현황

많은 대학이 새 캠퍼스를 도시의 외곽에다 짓는 이유는 부지 면적이 비교적 크기 때문이다. 그리하여 더 많은 기숙사를 지을 수 있고, 이러한 기숙사의 조건과 환경도 구 캠퍼스보다 더 낫다.

구 캠퍼스의 기숙사는 지은 지 오래되었고, 조건도 나쁜 편인데, 이들 기숙사에는 별도의 화장실과 욕실이 없고, 에어컨도 설치되어 있지 않은 경우가 있다. 이런 기숙사에 사는 학생들은 학교의 공중목욕탕에 가서 샤워를 할 수밖에 없고, 공중 화장실로 가는 것이 편리하다.

새 캠퍼스의 숙소는 아파트 식으로 설계되어 있어, 별도의 화장실과 욕실이 구비되어 있으며, 보통 에어컨도 설치되어 있다. 중국의 북방에 있는 대학교의 기숙사에는 선풍기와 히터가 설치되어 있지만, 남방에 있는 대학교의 기숙사에는 모두 히터가 없다. 대부분의 기숙사는 4인 1실로, 이층 침대 혹은 위는 침대 아래는 책상인 2가지 구조로 되어 있다.

2. 욕실

일부 대학의 기숙사 욕실은 공중목욕탕으로, 일반적으로 본과 학생들을 대상으로 한다.

연구생과 박사생의 기숙사는 구 캠퍼스나 새 캠퍼스에 상관없이, 기본적으로 독립된 화장실과 욕실이 존재한다.

3. 소등 제도

중국의 대학에는 소등 제도가 존재하곤 한다. 기본적으로 매일 밤 11시 30분에 기숙사는 전기를 일괄적으로 끈다. 이것은 학교가 강제적으로 소등을 함으로서,

학생들의 수면을 도와주어 다음날 아침 수업의 출석률을 높일 수 있을 뿐 아니라, 학생들 간의 아침형 인간과 저녁형 인간의 모순을 감소시킨다. 그러나 현재 상해의 대다수 대학은 목요일부터 일요일 밤까지 소등 제도를 채택하고 있다. 그런데 매년 여름이 되면, 상해의 각 대학은 학생들이 밤새 선풍기나 에어컨을 켤 수 있도록 전력을 공급한다.

소등 제도는 인터넷 정지 제도와 관련이 있다. 학생들이 온라인 게임과 같은 나쁜 행동에 빠지는 것을 막기 위해, 대학들은 소등 제도를 채택하지 않을 수는 있지만, 인터넷 정지 제도를 채택하여 매일 밤 12시가 되면 기숙사의 와이파이나 인터넷 신호를 끊어버린다.

4. 식수 문제

보통 기숙사 건물에는 온수난로(물을 끓이는 기계)가 한 대 있거나, 2층마다 한 대씩 있다. 반면 정제수는 학생들이 밖에 나가 음수기를 빌려야 하는데, 물표를 사서 통에 든 물로 바꾸는 방식으로 해결한다.

5. 정기적인 기숙사 점검제도

학생들의 안전을 확보하고 학생들의 안전과 관련된 정보를 정확하고 신속하게 파악하기 위해, 많은 대학에서 학생 기숙사의 정기적인 점검 제도를 마련하고 있다. 일반적으로 대학 및 학과의 교관과 학생 간부, 또는 학교의 학생 관리부서에서 정기적으로 기숙사를 점검하는데, 위생, 안전, 전기 사용, 교외 숙박여부 등을 검사한다. 만약 문제가 있다면, 관련 문서 규정이 있어 처벌받을 수 있다. 예를 들어, 《하북(河北)대 학생 규율 위반 처벌 규정》 제16조 제(4)항에 "이유 없이 늦게 귀가하거나 야간에 귀소하지 아니한 자는 엄중 경고 처분을 하고, 행위에 변함이 없는 자는 과실기록 이상의 처분을 한다."고 되어 있다.

6. 전기 사용에 관한 안전 문제

대다수의 중국 대학들은 기숙사 내에서 전기가열기구, 전기담요, 히터, 전기포트 등 가전제품 사용을 허용하지 않는다. 발견된다면 압수당한다.

7. 남학생의 출입 금지와 외부인 출입 기록 제도

중국 대학은 학생의 생명과 재산보호를 위해, 1층 입구에 경비실을 설치하여 아줌마들이 관리하게 한다. 여학생 기숙사는 일반적으로 남학생의 출입이 허용되지 않으며, 본 건물의 여학생이 아닌데 출입할 경우 등록을 해야 한다. 남학생 기숙사도 마찬가지로, 낯선 사람은 등록해야 들어갈 수 있다.

金和英

경성대학교 문과대학 중국학과 조교수

呂菁華

경성대학교 문과대학 중국학과 조교수

劉元春

중국 상해교통대학교 인문대학 부교수

땅띠(当地) 중국어

초판 1쇄 발행 _ 2019년 12월 8일

저　자 · 金和英 · 呂菁華 · 劉元春

발행인 · 정 현 걸

발　행 · 신 아 사

인　쇄 · 토탈프로세스

주　소 · 서울특별시 은평구 통일로 59길 4 (2F)

전　화 · (02) 382-6411　팩스 · (02) 382-6401

홈페이지 · www.shinasa.co.kr

E-mail · shinasa@daum.net

출판등록 · 1956년 1월 5일 (제 9-52호)

ISBN 978-89-8396-371-0 (93720)

정가 15,000원